21世纪会计系列规划教材·应用型

全国优秀畅销书

新编基础会计学模拟实验
（第三版）
模拟实验材料

蒋 昕 编著

单昭祥 审定

东北财经大学出版社
Dongbei University of Finance & Economics Press

大 连

使用说明

使用实验材料时，对于记账凭证（含封面）和总账（含封面、扉页等），可直接沿左侧边撕开，上下对折后裁剪下来即可使用。

装订时，可以只要求学生将实验10和实验13的科目汇总表附在记账凭证封面下，分别装订成两本记账凭证即可（即实验10和实验13各一本，以减轻装订工作量，多出来的凭证封套可以用做护角线，用来装订实验10和实验13）。

为减轻工作量，其余的各种账簿和报表可保留在实验材料上，不用装订。

目　录

实验10模拟实验材料

收 款 凭 证

总字第 号

借方科目　　　　　　年　月　日　　　　　　字第 号

摘要	贷方科目		金额										记账符号
	总账科目	明细科目	千	百	十	万	千	百	十	元	角	分	
附件　张	合计												

会计主管:　　记账:　　审核:　　出纳:　　制单:

收 款 凭 证

总字第 号

借方科目　　　　　　年　月　日　　　　　　字第 号

摘要	贷方科目		金额										记账符号
	总账科目	明细科目	千	百	十	万	千	百	十	元	角	分	
附件　张	合计												

会计主管:　　记账:　　审核:　　出纳:　　制单:

收 款 凭 证

总字第　号

借方科目　　　　年　月　日　　　　字第　号

摘　要	贷方科目		金额										记账符号
	总账科目	明细科目	千	百	十	万	千	百	十	元	角	分	
附件　张	合　计												

会计主管:　记账:　审核:　出纳:　制单:

付 款 凭 证

总字第　号

贷方科目　　　　年　月　日　　　　字第　号

摘　要	借方科目		金额										记账符号
	总账科目	明细科目	千	百	十	万	千	百	十	元	角	分	
附件　张	合　计												

会计主管:　记账:　审核:　出纳:　制单:

付 款 凭 证

总字第 号

贷方科目 年 月 日 字第 号

摘 要	借 方 科 目		金 额										记账符号
	总账科目	明细科目	千	百	十	万	千	百	十	元	角	分	
附件 张	合 计												

会计主管: 记账: 审核: 出纳: 制单:

付 款 凭 证

总字第 号

贷方科目 年 月 日 字第 号

摘 要	借 方 科 目		金 额										记账符号
	总账科目	明细科目	千	百	十	万	千	百	十	元	角	分	
附件 张	合 计												

会计主管: 记账: 审核: 出纳: 制单:

付款凭证

总字第　号

贷方科目　　　　年　月　日　　　　字第　号

摘要	借方科目		金额										记账符号
	总账科目	明细科目	千	百	十	万	千	百	十	元	角	分	
附件　张	合计												

会计主管:　　记账:　　审核:　　出纳:　　制单:

付款凭证

总字第　号

贷方科目　　　　年　月　日　　　　字第　号

摘要	借方科目		金额										记账符号
	总账科目	明细科目	千	百	十	万	千	百	十	元	角	分	
附件　张	合计												

会计主管:　　记账:　　审核:　　出纳:　　制单:

付 款 凭 证

总字第　号

贷方科目　　　　　　　　年　　月　　日　　　　　　　　字第　号

摘　　要	借　方　科　目		金　　额										记账符号
	总账科目	明细科目	千	百	十	万	千	百	十	元	角	分	
附件　　张	合　　计												

会计主管:　　　　记账:　　　　审核:　　　　出纳:　　　　制单:

付 款 凭 证

总字第　号

贷方科目　　　　　　　　年　　月　　日　　　　　　　　字第　号

摘　　要	借　方　科　目		金　　额										记账符号
	总账科目	明细科目	千	百	十	万	千	百	十	元	角	分	
附件　　张	合　　计												

会计主管:　　　　记账:　　　　审核:　　　　出纳:　　　　制单:

付 款 凭 证

总字第　号

贷方科目　　　　年　月　日　　　　字第　号

摘　要	借　方　科　目		金　额										记账符号
	总账科目	明细科目	千	百	十	万	千	百	十	元	角	分	
附件　张	合　计												

会计主管:　　记账:　　审核:　　出纳:　　制单:

付 款 凭 证

总字第　号

贷方科目　　　　年　月　日　　　　字第　号

摘　要	借　方　科　目		金　额										记账符号
	总账科目	明细科目	千	百	十	万	千	百	十	元	角	分	
附件　张	合　计												

会计主管:　　记账:　　审核:　　出纳:　　制单:

付 款 凭 证

总字第　号

贷方科目　　　　年　月　日　　　　字第　号

摘　要	借 方 科 目		金　额										记账符号
	总账科目	明细科目	千	百	十	万	千	百	十	元	角	分	
附件　张	合　计												

会计主管:　　记账:　　审核:　　出纳:　　制单:

付 款 凭 证

总字第　号

贷方科目　　　　年　月　日　　　　字第　号

摘　要	借 方 科 目		金　额										记账符号
	总账科目	明细科目	千	百	十	万	千	百	十	元	角	分	
附件　张	合　计												

会计主管:　　记账:　　审核:　　出纳:　　制单:

转 账 凭 证

总字第　号

年　　月　　日

字第　号

摘　要	总账科目	明细科目	借方金额									贷方金额									记账符号
			百	十	万	千	百	十	元	角	分	百	十	万	千	百	十	元	角	分	
附件　　张	合　　计																				

会计主管:　　　记账:　　　审核:　　　制单:

转 账 凭 证

总字第　号

年　　月　　日

字第　号

摘　要	总账科目	明细科目	借方金额									贷方金额									记账符号
			百	十	万	千	百	十	元	角	分	百	十	万	千	百	十	元	角	分	
附件　　张	合　　计																				

会计主管:　　　记账:　　　审核:　　　制单:

转 账 凭 证

总字第　号

年　　月　　日　　　　字第　号

摘　要	总账科目	明细科目	借方金额									贷方金额									记账符号
			百	十	万	千	百	十	元	角	分	百	十	万	千	百	十	元	角	分	
附件　　张	合　　计																				

会计主管:　　　　记账:　　　　审核:　　　　制单:

转 账 凭 证

总字第　号

年　　月　　日　　　　字第　号

摘　要	总账科目	明细科目	借方金额									贷方金额									记账符号
			百	十	万	千	百	十	元	角	分	百	十	万	千	百	十	元	角	分	
附件　　张	合　　计																				

会计主管:　　　　记账:　　　　审核:　　　　制单:

转 账 凭 证

总字第　号

年　月　日　　　　字第　号

摘　要	总账科目	明细科目	借方金额									贷方金额									记账符号
			百	十	万	千	百	十	元	角	分	百	十	万	千	百	十	元	角	分	
附件　张	合　计																				

会计主管:　　记账:　　审核:　　制单:

转 账 凭 证

总字第　号

年　月　日　　　　字第　号

摘　要	总账科目	明细科目	借方金额									贷方金额									记账符号
			百	十	万	千	百	十	元	角	分	百	十	万	千	百	十	元	角	分	
附件　张	合　计																				

会计主管:　　记账:　　审核:　　制单:

转 账 凭 证

总字第 号

年 月 日

字第 号

摘 要	总账科目	明细科目	借方金额									贷方金额									记账符号
			百	十	万	千	百	十	元	角	分	百	十	万	千	百	十	元	角	分	
附件 张	合 计																				

会计主管: 记账: 审核: 制单:

转 账 凭 证

总字第 号

年 月 日

字第 号

摘 要	总账科目	明细科目	借方金额									贷方金额									记账符号
			百	十	万	千	百	十	元	角	分	百	十	万	千	百	十	元	角	分	
附件 张	合 计																				

会计主管: 记账: 审核: 制单:

转 账 凭 证

总字第　号

年　月　日　　　　字第　号

摘　要	总账科目	明细科目	借方金额									贷方金额									记账符号
			百	十	万	千	百	十	元	角	分	百	十	万	千	百	十	元	角	分	
附件　张	合　计																				

会计主管:　　记账:　　审核:　　制单:

转 账 凭 证

总字第　号

年　月　日　　　　字第　号

摘　要	总账科目	明细科目	借方金额									贷方金额									记账符号
			百	十	万	千	百	十	元	角	分	百	十	万	千	百	十	元	角	分	
附件　张	合　计																				

会计主管:　　记账:　　审核:　　制单:

转 账 凭 证

总字第　号

年　月　日

字第　号

摘　要	总账科目	明细科目	借方金额									贷方金额									记账符号
			百	十	万	千	百	十	元	角	分	百	十	万	千	百	十	元	角	分	
附件　张	合　计																				

会计主管:　记账:　审核:　制单:

转 账 凭 证

总字第　号

年　月　日

字第　号

摘　要	总账科目	明细科目	借方金额									贷方金额									记账符号
			百	十	万	千	百	十	元	角	分	百	十	万	千	百	十	元	角	分	
附件　张	合　计																				

会计主管:　记账:　审核:　制单:

转 账 凭 证

总字第　号

年　　月　　日

字第　号

摘　要	总账科目	明细科目	借方金额									贷方金额									记账符号
			百	十	万	千	百	十	元	角	分	百	十	万	千	百	十	元	角	分	
附件　　张	合　　计																				

会计主管:　　　　记账:　　　　审核:　　　　制单:

转 账 凭 证

总字第　号

年　　月　　日

字第　号

摘　要	总账科目	明细科目	借方金额									贷方金额									记账符号
			百	十	万	千	百	十	元	角	分	百	十	万	千	百	十	元	角	分	
附件　　张	合　　计																				

会计主管:　　　　记账:　　　　审核:　　　　制单:

转 账 凭 证

总字第 号

年 月 日

字第 号

摘 要	总账科目	明细科目	借方金额									贷方金额									记账符号
			百	十	万	千	百	十	元	角	分	百	十	万	千	百	十	元	角	分	
附件 张	合 计																				

会计主管: 记账: 审核: 制单:

转 账 凭 证

总字第 号

年 月 日

字第 号

摘 要	总账科目	明细科目	借方金额									贷方金额									记账符号
			百	十	万	千	百	十	元	角	分	百	十	万	千	百	十	元	角	分	
附件 张	合 计																				

会计主管: 记账: 审核: 制单:

科目汇总表

字第　号

年　月　日至　日　　　　凭证　号至　号共　张

会计科目	本期发生额																					
	借　方										√	贷　方										√
	千	百	十	万	千	百	十	元	角	分		千	百	十	万	千	百	十	元	角	分	
合　计																						

会计主管:　　　　记账:　　　　复核:　　　　制表:

总 分 类 账

账簿目录表								
账户名称	账号	页码	账户名称	账号	页码	账户名称	账号	页码

账簿目录表

账户名称	账号	页码	账户名称	账号	页码	账户名称	账号	页码

总 分 类 账

总页码	
本户页次	

科目名称______

年		记账凭证		摘要	借方											贷方											借或贷	余额										
月	日	字	号		亿	千	百	十	万	千	百	十	元	角	分	亿	千	百	十	万	千	百	十	元	角	分		亿	千	百	十	万	千	百	十	元	角	分

总 分 类 账

总页码	
本户页次	

科目名称______

年		记账凭证		摘要	借方											贷方											借或贷	余额										
月	日	字	号		亿	千	百	十	万	千	百	十	元	角	分	亿	千	百	十	万	千	百	十	元	角	分		亿	千	百	十	万	千	百	十	元	角	分

总分类账

总页码	
本户页次	

科目名称______

年		记账凭证		摘要	借方											贷方											借或贷	余额										
月	日	字	号		亿	千	百	十	万	千	百	十	元	角	分	亿	千	百	十	万	千	百	十	元	角	分		亿	千	百	十	万	千	百	十	元	角	分

总分类账

总页码	
本户页次	

科目名称______

年		记账凭证		摘要	借方											贷方											借或贷	余额										
月	日	字	号		亿	千	百	十	万	千	百	十	元	角	分	亿	千	百	十	万	千	百	十	元	角	分		亿	千	百	十	万	千	百	十	元	角	分

总分类账

总页码	
本户页次	

科目名称________

年		记账凭证		摘要	借方											贷方											借或贷	余额										
月	日	字	号		亿	千	百	十	万	千	百	十	元	角	分	亿	千	百	十	万	千	百	十	元	角	分		亿	千	百	十	万	千	百	十	元	角	分

总分类账

总页码	
本户页次	

科目名称________

年		记账凭证		摘要	借方											贷方											借或贷	余额										
月	日	字	号		亿	千	百	十	万	千	百	十	元	角	分	亿	千	百	十	万	千	百	十	元	角	分		亿	千	百	十	万	千	百	十	元	角	分

总分类账

总页码	
本户页次	

科目名称________

年		记账凭证		摘要	借方											贷方											借或贷	余额										
月	日	字	号		亿	千	百	十	万	千	百	十	元	角	分	亿	千	百	十	万	千	百	十	元	角	分		亿	千	百	十	万	千	百	十	元	角	分

总分类账

总页码	
本户页次	

科目名称________

年		记账凭证		摘要	借方											贷方											借或贷	余额										
月	日	字	号		亿	千	百	十	万	千	百	十	元	角	分	亿	千	百	十	万	千	百	十	元	角	分		亿	千	百	十	万	千	百	十	元	角	分

总 分 类 账

总页码	
本户页次	

科目名称________

年		记账凭证		摘要	借方											贷方											借或贷	余额										
月	日	字	号		亿	千	百	十	万	千	百	十	元	角	分	亿	千	百	十	万	千	百	十	元	角	分		亿	千	百	十	万	千	百	十	元	角	分

总 分 类 账

总页码	
本户页次	

科目名称________

年		记账凭证		摘要	借方											贷方											借或贷	余额										
月	日	字	号		亿	千	百	十	万	千	百	十	元	角	分	亿	千	百	十	万	千	百	十	元	角	分		亿	千	百	十	万	千	百	十	元	角	分

总 分 类 账

总页码	
本户页次	

科目名称________

年		记账凭证		摘要	借方											贷方											借或贷	余额										
月	日	字	号		亿	千	百	十	万	千	百	十	元	角	分	亿	千	百	十	万	千	百	十	元	角	分		亿	千	百	十	万	千	百	十	元	角	分

总 分 类 账

总页码	
本户页次	

科目名称________

年		记账凭证		摘要	借方											贷方											借或贷	余额										
月	日	字	号		亿	千	百	十	万	千	百	十	元	角	分	亿	千	百	十	万	千	百	十	元	角	分		亿	千	百	十	万	千	百	十	元	角	分

总 分 类 账

总页码	
本户页次	

科目名称________

年		记账凭证		摘 要	借 方											贷 方											借或贷	余 额										
月	日	字	号		亿	千	百	十	万	千	百	十	元	角	分	亿	千	百	十	万	千	百	十	元	角	分		亿	千	百	十	万	千	百	十	元	角	分

总 分 类 账

总页码	
本户页次	

科目名称________

年		记账凭证		摘 要	借 方											贷 方											借或贷	余 额										
月	日	字	号		亿	千	百	十	万	千	百	十	元	角	分	亿	千	百	十	万	千	百	十	元	角	分		亿	千	百	十	万	千	百	十	元	角	分

总分类账

总页码	
本户页次	

科目名称________

年		记账凭证		摘要	借方											贷方											借或贷	余额										
月	日	字	号		亿	千	百	十	万	千	百	十	元	角	分	亿	千	百	十	万	千	百	十	元	角	分		亿	千	百	十	万	千	百	十	元	角	分

总分类账

总页码	
本户页次	

科目名称________

年		记账凭证		摘要	借方											贷方											借或贷	余额										
月	日	字	号		亿	千	百	十	万	千	百	十	元	角	分	亿	千	百	十	万	千	百	十	元	角	分		亿	千	百	十	万	千	百	十	元	角	分

总 分 类 账

总页码	
本户页次	

科目名称________

年		记账凭证		摘要	借方											贷方											借或贷	余额										
月	日	字	号		亿	千	百	十	万	千	百	十	元	角	分	亿	千	百	十	万	千	百	十	元	角	分		亿	千	百	十	万	千	百	十	元	角	分

总 分 类 账

总页码	
本户页次	

科目名称________

年		记账凭证		摘要	借方											贷方											借或贷	余额										
月	日	字	号		亿	千	百	十	万	千	百	十	元	角	分	亿	千	百	十	万	千	百	十	元	角	分		亿	千	百	十	万	千	百	十	元	角	分

总分类账

总页码	
本户页次	

科目名称__________

年		记账凭证		摘要	借方											贷方											借或贷	余额										
月	日	字	号		亿	千	百	十	万	千	百	十	元	角	分	亿	千	百	十	万	千	百	十	元	角	分		亿	千	百	十	万	千	百	十	元	角	分

总分类账

总页码	
本户页次	

科目名称__________

年		记账凭证		摘要	借方											贷方											借或贷	余额										
月	日	字	号		亿	千	百	十	万	千	百	十	元	角	分	亿	千	百	十	万	千	百	十	元	角	分		亿	千	百	十	万	千	百	十	元	角	分

总 分 类 账

总页码	
本户页次	

科目名称________

年		记账凭证		摘要	借方											贷方											借或贷	余额										
月	日	字	号		亿	千	百	十	万	千	百	十	元	角	分	亿	千	百	十	万	千	百	十	元	角	分		亿	千	百	十	万	千	百	十	元	角	分

总 分 类 账

总页码	
本户页次	

科目名称________

年		记账凭证		摘要	借方											贷方											借或贷	余额										
月	日	字	号		亿	千	百	十	万	千	百	十	元	角	分	亿	千	百	十	万	千	百	十	元	角	分		亿	千	百	十	万	千	百	十	元	角	分

总　分　类　账

总页码	
本户页次	

科目名称＿＿＿＿＿＿

年		记账凭证		摘　要	借　方											贷　方											借或贷	余　额										
月	日	字	号		亿	千	百	十	万	千	百	十	元	角	分	亿	千	百	十	万	千	百	十	元	角	分		亿	千	百	十	万	千	百	十	元	角	分

总　分　类　账

总页码	
本户页次	

科目名称＿＿＿＿＿＿

年		记账凭证		摘　要	借　方											贷　方											借或贷	余　额										
月	日	字	号		亿	千	百	十	万	千	百	十	元	角	分	亿	千	百	十	万	千	百	十	元	角	分		亿	千	百	十	万	千	百	十	元	角	分

总 分 类 账

总页码	
本户页次	

科目名称________

年		记账凭证		摘要	借方											贷方											借或贷	余额										
月	日	字	号		亿	千	百	十	万	千	百	十	元	角	分	亿	千	百	十	万	千	百	十	元	角	分		亿	千	百	十	万	千	百	十	元	角	分

总 分 类 账

总页码	
本户页次	

科目名称________

年		记账凭证		摘要	借方											贷方											借或贷	余额										
月	日	字	号		亿	千	百	十	万	千	百	十	元	角	分	亿	千	百	十	万	千	百	十	元	角	分		亿	千	百	十	万	千	百	十	元	角	分

总　分　类　账

总页码	
本户页次	

科目名称______________

年		记账凭证		摘要	借方											贷方											借或贷	余额										
月	日	字	号		亿	千	百	十	万	千	百	十	元	角	分	亿	千	百	十	万	千	百	十	元	角	分		亿	千	百	十	万	千	百	十	元	角	分

总　分　类　账

总页码	
本户页次	

科目名称______________

年		记账凭证		摘要	借方											贷方											借或贷	余额										
月	日	字	号		亿	千	百	十	万	千	百	十	元	角	分	亿	千	百	十	万	千	百	十	元	角	分		亿	千	百	十	万	千	百	十	元	角	分

总分类账

总页码	
本户页次	

科目名称＿＿＿＿＿＿

年		记账凭证		摘要	借方											贷方											借或贷	余额										
月	日	字	号		亿	千	百	十	万	千	百	十	元	角	分	亿	千	百	十	万	千	百	十	元	角	分		亿	千	百	十	万	千	百	十	元	角	分

总分类账

总页码	
本户页次	

科目名称＿＿＿＿＿＿

年		记账凭证		摘要	借方											贷方											借或贷	余额										
月	日	字	号		亿	千	百	十	万	千	百	十	元	角	分	亿	千	百	十	万	千	百	十	元	角	分		亿	千	百	十	万	千	百	十	元	角	分

总分类账

总页码	
本户页次	

科目名称________

年		记账凭证		摘要	借方											贷方											借或贷	余额										
月	日	字	号		亿	千	百	十	万	千	百	十	元	角	分	亿	千	百	十	万	千	百	十	元	角	分		亿	千	百	十	万	千	百	十	元	角	分

总分类账

总页码	
本户页次	

科目名称________

年		记账凭证		摘要	借方											贷方											借或贷	余额										
月	日	字	号		亿	千	百	十	万	千	百	十	元	角	分	亿	千	百	十	万	千	百	十	元	角	分		亿	千	百	十	万	千	百	十	元	角	分

总 分 类 账

总页码	
本户页次	

科目名称________

年		记账凭证		摘要	借方											贷方											借或贷	余额										
月	日	字	号		亿	千	百	十	万	千	百	十	元	角	分	亿	千	百	十	万	千	百	十	元	角	分		亿	千	百	十	万	千	百	十	元	角	分

总 分 类 账

总页码	
本户页次	

科目名称________

年		记账凭证		摘要	借方											贷方											借或贷	余额										
月	日	字	号		亿	千	百	十	万	千	百	十	元	角	分	亿	千	百	十	万	千	百	十	元	角	分		亿	千	百	十	万	千	百	十	元	角	分

总 分 类 账

总页码	
本户页次	

科目名称____________

年		记账凭证		摘要	借方											贷方											借或贷	余额										
月	日	字	号		亿	千	百	十	万	千	百	十	元	角	分	亿	千	百	十	万	千	百	十	元	角	分		亿	千	百	十	万	千	百	十	元	角	分

总 分 类 账

总页码	
本户页次	

科目名称____________

年		记账凭证		摘要	借方											贷方											借或贷	余额										
月	日	字	号		亿	千	百	十	万	千	百	十	元	角	分	亿	千	百	十	万	千	百	十	元	角	分		亿	千	百	十	万	千	百	十	元	角	分

实验13模拟实验材料

会 计 档 案 记 账 凭 证

单位名称:　　　　　　　　　　　　　　核销时间:

时　　间	年度　　月份　　日至　　日
卷　　数	本月共　　卷　　本卷是第　　卷
记账凭证张数	本卷自　　字第　　号至　　字第　　号共　　张
会计主管:	经办人:
全宗号:	目录号:　　案卷号:

抽 出 附 件 登 记 表

抽出日期			原附凭证号码	抽出附件的详细名称	抽出理由	抽取人盖　章	会计主管盖　　章	备　　注
年	月	日						

会 计 档 案 记 账 凭 证

单位名称: 核销时间:

时　　间		年度	月份	日至	日	
卷　　数	本月共	卷	本卷是第	卷		
记账凭证张数	本卷自	字第	号至	字第	号共	张
会计主管：			经办人：			
全宗号：		目录号：		案卷号：		

抽 出 附 件 登 记 表

抽出日期			原附凭证号码	抽出附件的详细名称	抽 出 理 由	抽取人盖　章	会计主管盖　　章	备　　注
年	月	日						

记 账 凭 证

年　　月　　日　　　　　　　　字第　　号

摘　要	总账科目	明细科目	借方金额									贷方金额									记账符号
			百	十	万	千	百	十	元	角	分	百	十	万	千	百	十	元	角	分	
附件　　张	合　　计																				

会计主管:　　　　记账:　　　　审核:　　　　制单:

记 账 凭 证

年　　月　　日　　　　　　　　字第　　号

摘　要	总账科目	明细科目	借方金额									贷方金额									记账符号
			百	十	万	千	百	十	元	角	分	百	十	万	千	百	十	元	角	分	
附件　　张	合　　计																				

会计主管:　　　　记账:　　　　审核:　　　　制单:

记 账 凭 证

年　月　日　　　　字第　号

摘要	总账科目	明细科目	借方金额									贷方金额									记账符号
			百	十	万	千	百	十	元	角	分	百	十	万	千	百	十	元	角	分	
附件　张	合　计																				

会计主管:　　记账:　　审核:　　制单:

记 账 凭 证

年　月　日　　　　字第　号

摘要	总账科目	明细科目	借方金额									贷方金额									记账符号
			百	十	万	千	百	十	元	角	分	百	十	万	千	百	十	元	角	分	
附件　张	合　计																				

会计主管:　　记账:　　审核:　　制单:

记 账 凭 证

年　　月　　日　　　　　　　　　　　　字第　　号

摘要	总账科目	明细科目	借方金额									贷方金额									记账符号
			百	十	万	千	百	十	元	角	分	百	十	万	千	百	十	元	角	分	
附件　　张	合　　计																				

会计主管:　　　　记账:　　　　审核:　　　　制单:

记 账 凭 证

年　　月　　日　　　　　　　　　　　　字第　　号

摘要	总账科目	明细科目	借方金额									贷方金额									记账符号
			百	十	万	千	百	十	元	角	分	百	十	万	千	百	十	元	角	分	
附件　　张	合　　计																				

会计主管:　　　　记账:　　　　审核:　　　　制单:

记 账 凭 证

年 月 日 字第 号

摘 要	总账科目	明细科目	借方金额									贷方金额									记账符号
			百	十	万	千	百	十	元	角	分	百	十	万	千	百	十	元	角	分	
附件 张	合 计																				

会计主管: 记账: 审核: 制单:

记 账 凭 证

年 月 日 字第 号

摘 要	总账科目	明细科目	借方金额									贷方金额									记账符号
			百	十	万	千	百	十	元	角	分	百	十	万	千	百	十	元	角	分	
附件 张	合 计																				

会计主管: 记账: 审核: 制单:

记 账 凭 证

年　月　日　　　　字第　号

摘要	总账科目	明细科目	借方金额									贷方金额									记账符号
			百	十	万	千	百	十	元	角	分	百	十	万	千	百	十	元	角	分	
附件　张	合　计																				

会计主管:　　记账:　　审核:　　制单:

记 账 凭 证

年　月　日　　　　字第　号

摘要	总账科目	明细科目	借方金额									贷方金额									记账符号
			百	十	万	千	百	十	元	角	分	百	十	万	千	百	十	元	角	分	
附件　张	合　计																				

会计主管:　　记账:　　审核:　　制单:

记 账 凭 证

年　　月　　日　　　　　　　　　　　　字第　　号

摘　要	总账科目	明细科目	借方金额									贷方金额									记账符号
			百	十	万	千	百	十	元	角	分	百	十	万	千	百	十	元	角	分	
附件　　张	合　　计																				

会计主管:　　　　记账:　　　　审核:　　　　制单:

记 账 凭 证

年　　月　　日　　　　　　　　　　　　字第　　号

摘　要	总账科目	明细科目	借方金额									贷方金额									记账符号
			百	十	万	千	百	十	元	角	分	百	十	万	千	百	十	元	角	分	
附件　　张	合　　计																				

会计主管:　　　　记账:　　　　审核:　　　　制单:

记 账 凭 证

年 月 日 字第 号

摘要	总账科目	明细科目	借方金额									贷方金额									记账符号
			百	十	万	千	百	十	元	角	分	百	十	万	千	百	十	元	角	分	
附件 张	合 计																				

会计主管: 记账: 审核: 制单:

记 账 凭 证

年 月 日 字第 号

摘要	总账科目	明细科目	借方金额									贷方金额									记账符号
			百	十	万	千	百	十	元	角	分	百	十	万	千	百	十	元	角	分	
附件 张	合 计																				

会计主管: 记账: 审核: 制单:

记 账 凭 证

年 月 日 字第 号

摘 要	总账科目	明细科目	借方金额									贷方金额									记账符号
			百	十	万	千	百	十	元	角	分	百	十	万	千	百	十	元	角	分	
附件 张	合 计																				

会计主管: 记账: 审核: 制单:

记 账 凭 证

年 月 日 字第 号

摘 要	总账科目	明细科目	借方金额									贷方金额									记账符号
			百	十	万	千	百	十	元	角	分	百	十	万	千	百	十	元	角	分	
附件 张	合 计																				

会计主管: 记账: 审核: 制单:

记 账 凭 证

年 月 日 字第 号

摘 要	总账科目	明细科目	借方金额									贷方金额									记账符号
			百	十	万	千	百	十	元	角	分	百	十	万	千	百	十	元	角	分	
附件 张	合 计																				

会计主管: 记账: 审核: 制单:

记 账 凭 证

年 月 日 字第 号

摘 要	总账科目	明细科目	借方金额									贷方金额									记账符号
			百	十	万	千	百	十	元	角	分	百	十	万	千	百	十	元	角	分	
附件 张	合 计																				

会计主管: 记账: 审核: 制单:

记 账 凭 证

年 月 日 字第 号

摘 要	总账科目	明细科目	借方金额									贷方金额									记账符号
			百	十	万	千	百	十	元	角	分	百	十	万	千	百	十	元	角	分	
附件 张	合 计																				

会计主管: 记账: 审核: 制单:

记 账 凭 证

年 月 日 字第 号

摘 要	总账科目	明细科目	借方金额									贷方金额									记账符号
			百	十	万	千	百	十	元	角	分	百	十	万	千	百	十	元	角	分	
附件 张	合 计																				

会计主管: 记账: 审核: 制单:

记 账 凭 证

年　　月　　日　　　　　　　　　　　　　　　　字第　号

摘要	总账科目	明细科目	借方金额									贷方金额									记账符号
			百	十	万	千	百	十	元	角	分	百	十	万	千	百	十	元	角	分	
附件　张	合　计																				

会计主管:　　　　　记账:　　　　　审核:　　　　　制单:

记 账 凭 证

年　　月　　日　　　　　　　　　　　　　　　　字第　号

摘要	总账科目	明细科目	借方金额									贷方金额									记账符号
			百	十	万	千	百	十	元	角	分	百	十	万	千	百	十	元	角	分	
附件　张	合　计																				

会计主管:　　　　　记账:　　　　　审核:　　　　　制单:

记 账 凭 证

年　月　日　　　　字第　号

摘 要	总账科目	明细科目	借方金额									贷方金额									记账符号
			百	十	万	千	百	十	元	角	分	百	十	万	千	百	十	元	角	分	
附件　张	合　计																				

会计主管:　　记账:　　审核:　　制单:

记 账 凭 证

年　月　日　　　　字第　号

摘 要	总账科目	明细科目	借方金额									贷方金额									记账符号
			百	十	万	千	百	十	元	角	分	百	十	万	千	百	十	元	角	分	
附件　张	合　计																				

会计主管:　　记账:　　审核:　　制单:

记 账 凭 证

年　月　日　　　　字第　号

摘要	总账科目	明细科目	借方金额									贷方金额									记账符号
			百	十	万	千	百	十	元	角	分	百	十	万	千	百	十	元	角	分	
附件　张	合　计																				

会计主管:　　记账:　　审核:　　制单:

记 账 凭 证

年　月　日　　　　字第　号

摘要	总账科目	明细科目	借方金额									贷方金额									记账符号
			百	十	万	千	百	十	元	角	分	百	十	万	千	百	十	元	角	分	
附件　张	合　计																				

会计主管:　　记账:　　审核:　　制单:

记 账 凭 证

年 月 日　　　　　　字第 号

摘 要	总账科目	明细科目	借方金额									贷方金额									记账符号
			百	十	万	千	百	十	元	角	分	百	十	万	千	百	十	元	角	分	
附件 张	合 计																				

会计主管:　　　　记账:　　　　审核:　　　　制单:

记 账 凭 证

年 月 日　　　　　　字第 号

摘 要	总账科目	明细科目	借方金额									贷方金额									记账符号
			百	十	万	千	百	十	元	角	分	百	十	万	千	百	十	元	角	分	
附件 张	合 计																				

会计主管:　　　　记账:　　　　审核:　　　　制单:

记 账 凭 证

年　月　日　　　　　　　　　　　　　　字第　号

摘　要	总账科目	明细科目	借方金额									贷方金额									记账符号
			百	十	万	千	百	十	元	角	分	百	十	万	千	百	十	元	角	分	
附件　张	合　计																				

会计主管:　　　　　记账:　　　　　审核:　　　　　制单:

记 账 凭 证

年　月　日　　　　　　　　　　　　　　字第　号

摘　要	总账科目	明细科目	借方金额									贷方金额									记账符号
			百	十	万	千	百	十	元	角	分	百	十	万	千	百	十	元	角	分	
附件　张	合　计																				

会计主管:　　　　　记账:　　　　　审核:　　　　　制单:

记 账 凭 证

年 月 日 字第 号

摘 要	总账科目	明细科目	借方金额									贷方金额									记账符号
			百	十	万	千	百	十	元	角	分	百	十	万	千	百	十	元	角	分	
附件 张	合 计																				

会计主管: 记账: 审核: 制单:

记 账 凭 证

年 月 日 字第 号

摘 要	总账科目	明细科目	借方金额									贷方金额									记账符号
			百	十	万	千	百	十	元	角	分	百	十	万	千	百	十	元	角	分	
附件 张	合 计																				

会计主管: 记账: 审核: 制单:

记 账 凭 证

年　　月　　日　　　　　　　　　　　　　　　　字第　号

摘　要	总账科目	明细科目	借方金额									贷方金额									记账符号
			百	十	万	千	百	十	元	角	分	百	十	万	千	百	十	元	角	分	
附件　张	合　计																				

会计主管:　　　　记账:　　　　审核:　　　　制单:

记 账 凭 证

年　　月　　日　　　　　　　　　　　　　　　　字第　号

摘　要	总账科目	明细科目	借方金额									贷方金额									记账符号
			百	十	万	千	百	十	元	角	分	百	十	万	千	百	十	元	角	分	
附件　张	合　计																				

会计主管:　　　　记账:　　　　审核:　　　　制单:

记 账 凭 证

年　　月　　日　　　　　　　　　　　　字第　号

摘　要	总账科目	明细科目	借方金额									贷方金额									记账符号
			百	十	万	千	百	十	元	角	分	百	十	万	千	百	十	元	角	分	
附件　　张	合　　计																				

会计主管:　　　　记账:　　　　审核:　　　　制单:

记 账 凭 证

年　　月　　日　　　　　　　　　　　　字第　号

摘　要	总账科目	明细科目	借方金额									贷方金额									记账符号
			百	十	万	千	百	十	元	角	分	百	十	万	千	百	十	元	角	分	
附件　　张	合　　计																				

会计主管:　　　　记账:　　　　审核:　　　　制单:

记 账 凭 证

年 月 日 字第 号

摘 要	总账科目	明细科目	借方金额									贷方金额									记账符号
			百	十	万	千	百	十	元	角	分	百	十	万	千	百	十	元	角	分	
附件 张	合 计																				

会计主管: 记账: 审核: 制单:

记 账 凭 证

年 月 日 字第 号

摘 要	总账科目	明细科目	借方金额									贷方金额									记账符号
			百	十	万	千	百	十	元	角	分	百	十	万	千	百	十	元	角	分	
附件 张	合 计																				

会计主管: 记账: 审核: 制单:

记 账 凭 证

年　　月　　日　　　　　　　　　　字第　号

摘　要	总账科目	明细科目	借方金额									贷方金额									记账符号
			百	十	万	千	百	十	元	角	分	百	十	万	千	百	十	元	角	分	
附件　张	合　计																				

会计主管:　　　　记账:　　　　审核:　　　　制单:

记 账 凭 证

年　　月　　日　　　　　　　　　　字第　号

摘　要	总账科目	明细科目	借方金额									贷方金额									记账符号
			百	十	万	千	百	十	元	角	分	百	十	万	千	百	十	元	角	分	
附件　张	合　计																				

会计主管:　　　　记账:　　　　审核:　　　　制单:

记 账 凭 证

年 月 日　　　　　　字第 号

摘 要	总账科目	明细科目	借方金额									贷方金额									记账符号
			百	十	万	千	百	十	元	角	分	百	十	万	千	百	十	元	角	分	
附件 张	合 计																				

会计主管:　　　　记账:　　　　审核:　　　　制单:

记 账 凭 证

年 月 日　　　　　　字第 号

摘 要	总账科目	明细科目	借方金额									贷方金额									记账符号
			百	十	万	千	百	十	元	角	分	百	十	万	千	百	十	元	角	分	
附件 张	合 计																				

会计主管:　　　　记账:　　　　审核:　　　　制单:

记 账 凭 证

年 月 日　　　　字第 号

摘 要	总账科目	明细科目	借方金额									贷方金额									记账符号
			百	十	万	千	百	十	元	角	分	百	十	万	千	百	十	元	角	分	
附件 张	合 计																				

会计主管:　　　　记账:　　　　审核:　　　　制单:

记 账 凭 证

年 月 日　　　　字第 号

摘 要	总账科目	明细科目	借方金额									贷方金额									记账符号
			百	十	万	千	百	十	元	角	分	百	十	万	千	百	十	元	角	分	
附件 张	合 计																				

会计主管:　　　　记账:　　　　审核:　　　　制单:

记 账 凭 证

年　　月　　日　　　　字第　号

摘　要	总账科目	明细科目	借方金额									贷方金额									记账符号
			百	十	万	千	百	十	元	角	分	百	十	万	千	百	十	元	角	分	
附件　张	合　计																				

会计主管:　　　　记账:　　　　审核:　　　　制单:

记 账 凭 证

年　　月　　日　　　　字第　号

摘　要	总账科目	明细科目	借方金额									贷方金额									记账符号
			百	十	万	千	百	十	元	角	分	百	十	万	千	百	十	元	角	分	
附件　张	合　计																				

会计主管:　　　　记账:　　　　审核:　　　　制单:

记 账 凭 证

年 月 日 字第 号

摘 要	总账科目	明细科目	借方金额									贷方金额									记账符号
			百	十	万	千	百	十	元	角	分	百	十	万	千	百	十	元	角	分	
附件 张	合 计																				

会计主管: 记账: 审核: 制单:

记 账 凭 证

年 月 日 字第 号

摘 要	总账科目	明细科目	借方金额									贷方金额									记账符号
			百	十	万	千	百	十	元	角	分	百	十	万	千	百	十	元	角	分	
附件 张	合 计																				

会计主管: 记账: 审核: 制单:

总　分　类　账

<table>
<tr><th colspan="7">账簿启用表</th><td rowspan="12">贴印花处</td></tr>
<tr><td>单位名称</td><td colspan="3">(加盖公章)</td><td>负责人</td><td>职　务</td><td>姓　名</td></tr>
<tr><td>账簿名称</td><td colspan="3">账簿第　　册</td><td>单位领导</td><td></td><td></td></tr>
<tr><td>账簿号码</td><td>第　　号</td><td>启用日期</td><td>年　月　日</td><td>会计主管</td><td></td><td></td></tr>
<tr><td>账簿页数</td><td colspan="3">本账簿共计　　页</td><td>主办会计</td><td></td><td></td></tr>
</table>

<table>
<tr><th colspan="12">经管本账簿人员一览表</th></tr>
<tr><td colspan="3">记账人员</td><td colspan="3">接管日期</td><td colspan="3">移交日期</td><td colspan="2">监交人员</td><td rowspan="2">备注</td></tr>
<tr><td>职务</td><td>姓名</td><td>盖章</td><td>年</td><td>月</td><td>日</td><td>年</td><td>月</td><td>日</td><td>职务</td><td>姓名</td></tr>
<tr><td></td><td></td><td></td><td></td><td></td><td></td><td></td><td></td><td></td><td></td><td></td><td></td></tr>
<tr><td></td><td></td><td></td><td></td><td></td><td></td><td></td><td></td><td></td><td></td><td></td><td></td></tr>
<tr><td></td><td></td><td></td><td></td><td></td><td></td><td></td><td></td><td></td><td></td><td></td><td></td></tr>
</table>

账簿目录表

账户名称	账号	页码	账户名称	账号	页码	账户名称	账号	页码

登记账簿须知

一、启用账簿或调换记账人员时,应在账簿的"启用及交接记录"内逐项填记有关事项。

二、会计账簿必须根据审核无误的记账凭证及其所附的原始凭证登记。应将会计凭证日期、编号、业务内容摘要、金额和其他有关资料逐项记入账内。登记完毕后,应在记账凭证上注明"√"符号,表示已经记账。

三、登记账簿时要用蓝黑墨水笔书写,不得使用铅笔或圆珠笔。红色墨水笔只能按规定用途使用,如改错、冲账等。

四、账簿中的文字和数字不要写满格,一般应占格宽的二分之一。

五、登记账簿时,凡需要登记会计科目的,必须填列会计科目的名称,或者同时填列会计科目的名称和编号。不得只填列会计科目的编号,不填列会计科目的名称。

六、各种账簿应该依照编写的页数顺序连续记载。每一账页记载完毕结转下页时,应在账页的最后一行结出合计数和余额,注明"过次页"字样;同时,将合计数和余额记入下页第一行有关栏内,并注明"承前页"字样。也可以只写在下页的第一行有关栏内,并注明"承前页"字样。

七、年度终了,要把各账户的余额结转下年,在摘要栏内注明"结转下年"字样,在下年新账第一行余额栏填写上年结转的余额,并在摘要栏注明"上年结转"字样。

八、账簿记录不得刮擦、挖补、涂抹或用退色药水更改字迹。发生错误时,应该按照下列方法进行更正:

1.登记账簿时发生错误,应采用划线法更正,并由记账人员在更正处盖章。

2.登记账簿以后,因记账凭证填制错误而使账簿记录发生错误,应按更正的记账凭证登记账簿。

账簿目录表

账户名称	账号	页码	账户名称	账号	页码	账户名称	账号	页码

总 分 类 账

总页码	
本户页次	

科目名称______

年		记账凭证		摘要	借方											贷方											借或贷	余额										
月	日	字	号		亿	千	百	十	万	千	百	十	元	角	分	亿	千	百	十	万	千	百	十	元	角	分		亿	千	百	十	万	千	百	十	元	角	分

总 分 类 账

总页码	
本户页次	

科目名称______

年		记账凭证		摘要	借方											贷方											借或贷	余额										
月	日	字	号		亿	千	百	十	万	千	百	十	元	角	分	亿	千	百	十	万	千	百	十	元	角	分		亿	千	百	十	万	千	百	十	元	角	分

总分类账

总页码	
本户页次	

科目名称________

年		记账凭证		摘要	借方											贷方											借或贷	余额										
月	日	字	号		亿	千	百	十	万	千	百	十	元	角	分	亿	千	百	十	万	千	百	十	元	角	分	贷	亿	千	百	十	万	千	百	十	元	角	分

总分类账

总页码	
本户页次	

科目名称________

年		记账凭证		摘要	借方											贷方											借或贷	余额										
月	日	字	号		亿	千	百	十	万	千	百	十	元	角	分	亿	千	百	十	万	千	百	十	元	角	分	贷	亿	千	百	十	万	千	百	十	元	角	分

总 分 类 账

总页码	
本户页次	

科目名称________

年		记账凭证		摘要	借方											贷方											借或贷	余额										
月	日	字	号		亿	千	百	十	万	千	百	十	元	角	分	亿	千	百	十	万	千	百	十	元	角	分		亿	千	百	十	万	千	百	十	元	角	分

总 分 类 账

总页码	
本户页次	

科目名称________

年		记账凭证		摘要	借方											贷方											借或贷	余额										
月	日	字	号		亿	千	百	十	万	千	百	十	元	角	分	亿	千	百	十	万	千	百	十	元	角	分		亿	千	百	十	万	千	百	十	元	角	分

总 分 类 账

总页码	
本户页次	

科目名称________

年		记账凭证		摘要	借方											贷方											借或贷	余额										
月	日	字	号		亿	千	百	十	万	千	百	十	元	角	分	亿	千	百	十	万	千	百	十	元	角	分		亿	千	百	十	万	千	百	十	元	角	分

总 分 类 账

总页码	
本户页次	

科目名称________

年		记账凭证		摘要	借方											贷方											借或贷	余额										
月	日	字	号		亿	千	百	十	万	千	百	十	元	角	分	亿	千	百	十	万	千	百	十	元	角	分		亿	千	百	十	万	千	百	十	元	角	分

总 分 类 账

总页码	
本户页次	

科目名称________

年		记账凭证		摘要	借方											贷方											借或贷	余额										
月	日	字	号		亿	千	百	十	万	千	百	十	元	角	分	亿	千	百	十	万	千	百	十	元	角	分		亿	千	百	十	万	千	百	十	元	角	分

总 分 类 账

总页码	
本户页次	

科目名称________

年		记账凭证		摘要	借方											贷方											借或贷	余额										
月	日	字	号		亿	千	百	十	万	千	百	十	元	角	分	亿	千	百	十	万	千	百	十	元	角	分		亿	千	百	十	万	千	百	十	元	角	分

总 分 类 账

总页码	
本户页次	

科目名称__________

年		记账凭证		摘 要	借 方											贷 方											借或贷	余 额										
月	日	字	号		亿	千	百	十	万	千	百	十	元	角	分	亿	千	百	十	万	千	百	十	元	角	分		亿	千	百	十	万	千	百	十	元	角	分

总 分 类 账

总页码	
本户页次	

科目名称__________

年		记账凭证		摘 要	借 方											贷 方											借或贷	余 额										
月	日	字	号		亿	千	百	十	万	千	百	十	元	角	分	亿	千	百	十	万	千	百	十	元	角	分		亿	千	百	十	万	千	百	十	元	角	分

总 分 类 账

总页码	
本户页次	

科目名称________

年		记账凭证		摘要	借方											贷方											借或贷	余额										
月	日	字	号		亿	千	百	十	万	千	百	十	元	角	分	亿	千	百	十	万	千	百	十	元	角	分		亿	千	百	十	万	千	百	十	元	角	分

总 分 类 账

总页码	
本户页次	

科目名称________

年		记账凭证		摘要	借方											贷方											借或贷	余额										
月	日	字	号		亿	千	百	十	万	千	百	十	元	角	分	亿	千	百	十	万	千	百	十	元	角	分		亿	千	百	十	万	千	百	十	元	角	分

总　分　类　账

总页码	
本户页次	

科目名称________

年		记账凭证		摘要	借方											贷方											借或贷	余额										
月	日	字	号		亿	千	百	十	万	千	百	十	元	角	分	亿	千	百	十	万	千	百	十	元	角	分		亿	千	百	十	万	千	百	十	元	角	分

总　分　类　账

总页码	
本户页次	

科目名称________

年		记账凭证		摘要	借方											贷方											借或贷	余额										
月	日	字	号		亿	千	百	十	万	千	百	十	元	角	分	亿	千	百	十	万	千	百	十	元	角	分		亿	千	百	十	万	千	百	十	元	角	分

总 分 类 账

总页码	
本户页次	

科目名称________

年		记账凭证		摘要	借方											贷方											借或贷	余额										
月	日	字	号		亿	千	百	十	万	千	百	十	元	角	分	亿	千	百	十	万	千	百	十	元	角	分		亿	千	百	十	万	千	百	十	元	角	分

总 分 类 账

总页码	
本户页次	

科目名称________

年		记账凭证		摘要	借方											贷方											借或贷	余额										
月	日	字	号		亿	千	百	十	万	千	百	十	元	角	分	亿	千	百	十	万	千	百	十	元	角	分		亿	千	百	十	万	千	百	十	元	角	分

总 分 类 账

总页码	
本户页次	

科目名称________

年		记账凭证		摘要	借方											贷方											借或贷	余额										
月	日	字	号		亿	千	百	十	万	千	百	十	元	角	分	亿	千	百	十	万	千	百	十	元	角	分		亿	千	百	十	万	千	百	十	元	角	分

总 分 类 账

总页码	
本户页次	

科目名称________

年		记账凭证		摘要	借方											贷方											借或贷	余额										
月	日	字	号		亿	千	百	十	万	千	百	十	元	角	分	亿	千	百	十	万	千	百	十	元	角	分		亿	千	百	十	万	千	百	十	元	角	分

总分类账

总页码	
本户页次	

科目名称______

年		记账凭证		摘要	借方											贷方											借或贷	余额										
月	日	字	号		亿	千	百	十	万	千	百	十	元	角	分	亿	千	百	十	万	千	百	十	元	角	分		亿	千	百	十	万	千	百	十	元	角	分

总分类账

总页码	
本户页次	

科目名称______

年		记账凭证		摘要	借方											贷方											借或贷	余额										
月	日	字	号		亿	千	百	十	万	千	百	十	元	角	分	亿	千	百	十	万	千	百	十	元	角	分		亿	千	百	十	万	千	百	十	元	角	分

总分类账

总页码	
本户页次	

科目名称________

年		记账凭证		摘要	借方											贷方											借或贷	余额										
月	日	字	号		亿	千	百	十	万	千	百	十	元	角	分	亿	千	百	十	万	千	百	十	元	角	分		亿	千	百	十	万	千	百	十	元	角	分

总分类账

总页码	
本户页次	

科目名称________

年		记账凭证		摘要	借方											贷方											借或贷	余额										
月	日	字	号		亿	千	百	十	万	千	百	十	元	角	分	亿	千	百	十	万	千	百	十	元	角	分		亿	千	百	十	万	千	百	十	元	角	分

总 分 类 账

总页码	
本户页次	

科目名称________

年		记账凭证		摘 要	借 方											贷 方											借或贷	余 额										
月	日	字	号		亿	千	百	十	万	千	百	十	元	角	分	亿	千	百	十	万	千	百	十	元	角	分		亿	千	百	十	万	千	百	十	元	角	分

总 分 类 账

总页码	
本户页次	

科目名称________

年		记账凭证		摘 要	借 方											贷 方											借或贷	余 额										
月	日	字	号		亿	千	百	十	万	千	百	十	元	角	分	亿	千	百	十	万	千	百	十	元	角	分		亿	千	百	十	万	千	百	十	元	角	分

总 分 类 账

总页码	
本户页次	

科目名称______

年		记账凭证		摘要	借方											贷方											借或贷	余额										
月	日	字	号		亿	千	百	十	万	千	百	十	元	角	分	亿	千	百	十	万	千	百	十	元	角	分		亿	千	百	十	万	千	百	十	元	角	分

总 分 类 账

总页码	
本户页次	

科目名称______

年		记账凭证		摘要	借方											贷方											借或贷	余额										
月	日	字	号		亿	千	百	十	万	千	百	十	元	角	分	亿	千	百	十	万	千	百	十	元	角	分		亿	千	百	十	万	千	百	十	元	角	分

总分类账

总页码	
本户页次	

科目名称________

年		记账凭证		摘要	借方											贷方											借或贷	余额										
月	日	字	号		亿	千	百	十	万	千	百	十	元	角	分	亿	千	百	十	万	千	百	十	元	角	分		亿	千	百	十	万	千	百	十	元	角	分

总分类账

总页码	
本户页次	

科目名称________

年		记账凭证		摘要	借方											贷方											借或贷	余额										
月	日	字	号		亿	千	百	十	万	千	百	十	元	角	分	亿	千	百	十	万	千	百	十	元	角	分		亿	千	百	十	万	千	百	十	元	角	分

总分类账

总页码	
本户页次	

科目名称________

年		记账凭证		摘要	借方											贷方											借或贷	余额										
月	日	字	号		亿	千	百	十	万	千	百	十	元	角	分	亿	千	百	十	万	千	百	十	元	角	分		亿	千	百	十	万	千	百	十	元	角	分

总分类账

总页码	
本户页次	

科目名称________

年		记账凭证		摘要	借方											贷方											借或贷	余额										
月	日	字	号		亿	千	百	十	万	千	百	十	元	角	分	亿	千	百	十	万	千	百	十	元	角	分		亿	千	百	十	万	千	百	十	元	角	分

总 分 类 账

总页码	
本户页次	

科目名称________

年		记账凭证		摘 要	借 方											贷 方											借或贷	余 额										
月	日	字	号		亿	千	百	十	万	千	百	十	元	角	分	亿	千	百	十	万	千	百	十	元	角	分		亿	千	百	十	万	千	百	十	元	角	分

总 分 类 账

总页码	
本户页次	

科目名称________

年		记账凭证		摘 要	借 方											贷 方											借或贷	余 额										
月	日	字	号		亿	千	百	十	万	千	百	十	元	角	分	亿	千	百	十	万	千	百	十	元	角	分		亿	千	百	十	万	千	百	十	元	角	分

总 分 类 账

总页码	
本户页次	

科目名称______

年		记账凭证		摘要	借方											贷方											借或贷	余额										
月	日	字	号		亿	千	百	十	万	千	百	十	元	角	分	亿	千	百	十	万	千	百	十	元	角	分		亿	千	百	十	万	千	百	十	元	角	分

总 分 类 账

总页码	
本户页次	

科目名称______

年		记账凭证		摘要	借方											贷方											借或贷	余额										
月	日	字	号		亿	千	百	十	万	千	百	十	元	角	分	亿	千	百	十	万	千	百	十	元	角	分		亿	千	百	十	万	千	百	十	元	角	分

总　分　类　账

总页码	
本户页次	

科目名称__________

年		记账凭证		摘要	借方											贷方											借或贷	余额										
月	日	字	号		亿	千	百	十	万	千	百	十	元	角	分	亿	千	百	十	万	千	百	十	元	角	分		亿	千	百	十	万	千	百	十	元	角	分

总　分　类　账

总页码	
本户页次	

科目名称__________

年		记账凭证		摘要	借方											贷方											借或贷	余额										
月	日	字	号		亿	千	百	十	万	千	百	十	元	角	分	亿	千	百	十	万	千	百	十	元	角	分		亿	千	百	十	万	千	百	十	元	角	分

日记账

库存现金日记账

第　　页

年		凭证编号	摘要	对方科目	借方												贷方												借或贷	余额											
月	日				十	亿	千	百	十	万	千	百	十	元	角	分	十	亿	千	百	十	万	千	百	十	元	角	分		十	亿	千	百	十	万	千	百	十	元	角	分

库存现金日记账

第　　页

年		凭证编号	摘要	对方科目	借方												贷方												借或贷	余额											
月	日				十	亿	千	百	十	万	千	百	十	元	角	分	十	亿	千	百	十	万	千	百	十	元	角	分		十	亿	千	百	十	万	千	百	十	元	角	分

银行存款日记账

第　　页

年		凭证编号	摘　　要	对方科目	结算票据		借　　方											贷　　方											借或贷	余　　额										
月	日				种类	号数	十	亿	千	百	十	万	千	百	十	元	角	分	十	亿	千	百	十	万	千	百	十	元	角	分		十	亿	千	百	十	万	千	百	十	元	角	分

银行存款日记账

第　　页

年		凭证编号	摘要	对方科目	结算票据		借方												贷方												借或贷	余额											
月	日				种类	号数	十	亿	千	百	十	万	千	百	十	元	角	分	十	亿	千	百	十	万	千	百	十	元	角	分		十	亿	千	百	十	万	千	百	十	元	角	分

三栏式明细账

明细账

账号	总页数
页数	

年		凭证		摘要	借方										√	贷方										√	借或贷	余额										核对
月	日	种类	号数		亿	千	百	十	万	千	百	十	元	角	分		亿	千	百	十	万	千	百	十	元	角	分			亿	千	百	十	万	千	百	十	元	角	分	

明细账

账号	总页数
页数	

年		凭证		摘要	借方											√	贷方											√	借或贷	余额											核对
月	日	种类	号数		亿	千	百	十	万	千	百	十	元	角	分		亿	千	百	十	万	千	百	十	元	角	分			亿	千	百	十	万	千	百	十	元	角	分	

明细账

账号		总页数
页数		

年		凭证		摘要	借方											√	贷方											√	借或贷	余额											核对
月	日	种类	号数		亿	千	百	十	万	千	百	十	元	角	分		亿	千	百	十	万	千	百	十	元	角	分			亿	千	百	十	万	千	百	十	元	角	分	

明细账

账号	总页数
页数	

年		凭证		摘要	借方											√	贷方											√	借或贷	余额											核对
月	日	种类	号数		亿	千	百	十	万	千	百	十	元	角	分		亿	千	百	十	万	千	百	十	元	角	分			亿	千	百	十	万	千	百	十	元	角	分	

明细账

账号	总页数
页数	

年		凭证		摘要	借方											√	贷方											√	借或贷	余额											核对
月	日	种类	号数		亿	千	百	十	万	千	百	十	元	角	分		亿	千	百	十	万	千	百	十	元	角	分			亿	千	百	十	万	千	百	十	元	角	分	

明细账

账号	总页数
页数	

年		凭证		摘要	借方											√	贷方											√	借或贷	余额											核对
月	日	种类	号数		亿	千	百	十	万	千	百	十	元	角	分		亿	千	百	十	万	千	百	十	元	角	分			亿	千	百	十	万	千	百	十	元	角	分	

明细账

账号	总页数
页数	

年		凭证		摘要	借方											√	贷方											√	借或贷	余额											核对
月	日	种类	号数		亿	千	百	十	万	千	百	十	元	角	分		亿	千	百	十	万	千	百	十	元	角	分			亿	千	百	十	万	千	百	十	元	角	分	

明细账

账号		总页数
页数		

年		凭证		摘要	借方											√	贷方											√	借或贷	余额											核对
月	日	种类	号数		亿	千	百	十	万	千	百	十	元	角	分		亿	千	百	十	万	千	百	十	元	角	分			亿	千	百	十	万	千	百	十	元	角	分	

明细账

账号	总页数
页数	

年		凭证		摘要	借方											√	贷方											√	借或贷	余额											核对
月	日	种类	号数		亿	千	百	十	万	千	百	十	元	角	分		亿	千	百	十	万	千	百	十	元	角	分			亿	千	百	十	万	千	百	十	元	角	分	

明细账

账号		总页数
页数		

年		凭证		摘要	借方											√	贷方											√	借或贷	余额											核对
月	日	种类	号数		亿	千	百	十	万	千	百	十	元	角	分		亿	千	百	十	万	千	百	十	元	角	分			亿	千	百	十	万	千	百	十	元	角	分	

进销存明细账

进销存明细账

最高存量	
最低存量	

账号	总页数
页数	

编号______ 类别______ 规格______ 单位______ 存放地点______ 计划单价______

年		凭证号数	摘要	收入													发出													结存													核对号
月	日			数量	单价	金额											数量	单价	金额											数量	均价	金额											
						亿	千	百	十	万	千	百	十	元	角	分			亿	千	百	十	万	千	百	十	元	角	分			亿	千	百	十	万	千	百	十	元	角	分	

最高存量	
最低存量	

进销存明细账

账号		总页数
页数		

编号________ 类别________ 规格________ 单位________ 存放地点________ 计划单价________

年		凭证号数	摘要	收入													发出													结存													核对号
月	日			数量	单价	金额											数量	单价	金额											数量	均价	金额											
						亿	千	百	十	万	千	百	十	元	角	分			亿	千	百	十	万	千	百	十	元	角	分			亿	千	百	十	万	千	百	十	元	角	分	

多栏式明细账

明细账

总页码	账号
	页次

年		凭证编号	摘要																																															
月	日			十	亿	千	百	十	万	千	百	十	元	角	分	千	百	十	万	千	百	十	元	角	分	千	百	十	万	千	百	十	元	角	分	千	百	十	万	千	百	十	元	角	分	千	百	十	元	角

明细账

总页码	账号
	页次

年		凭证编号	摘要																																																				
月	日			十	亿	千	百	十	万	千	百	十	元	角	分	千	百	十	万	千	百	十	元	角	分	千	百	十	万	千	百	十	元	角	分	千	百	十	万	千	百	十	元	角	分	千	百	十	万	千	百	十	元	角	分

总页码	账号
	页次

明细账

年		凭证编号	摘要																																																				
月	日			十	亿	千	百	十	万	千	百	十	元	角	分	千	百	十	万	千	百	十	元	角	分	千	百	十	万	千	百	十	元	角	分	千	百	十	万	千	百	十	元	角	分	千	百	十	万	千	百	十	元	角	分

明细账

总页码	账号
	页次

年		凭证编号	摘要					
月	日			十亿千百十万千百十元角分	千百十万千百十元角分	千百十万千百十元角分	千百十万千百十元角分	千百十万千百十元角分

科目汇总表

字第　号

年　月　日至　日　　凭证　号至　号共　张

会计科目	本期发生额																					
	借　方										√	贷　方										√
	千	百	十	万	千	百	十	元	角	分		千	百	十	万	千	百	十	元	角	分	
合　计																						

会计主管:　　记账:　　复核:　　制表:

科目汇总表

字第　号

年　　月　　日至　日　　　　凭证　号至　号共　张

会计科目	本期发生额																					
	借方										√	贷方										√
	千	百	十	万	千	百	十	元	角	分		千	百	十	万	千	百	十	元	角	分	
合计																						

会计主管:　　　　　　记账:　　　　　　复核:　　　　　　制表:

科目汇总表

字第　号

年　　月　　日至　日　　　　凭证　号至　号共　张

会计科目	本期发生额																					
	借方										√	贷方										√
	千	百	十	万	千	百	十	元	角	分		千	百	十	万	千	百	十	元	角	分	
合　　计																						

会计主管:　　　　　　记账:　　　　　　复核:　　　　　　制表:

资产负债表

会企01表

编制单位：　　　　　　　　　　　　　　____年____月____日　　　　　　　　　　　　　　单位：元

资　　产	期末余额	年初余额	负债和所有者权益（或股东权益）	期末余额	年初余额
流动资产：			流动负债：		
货币资金			短期借款		
以公允价值计量且其变动计入当期损益的金融资产			以公允价值计量且其变动计入当期损益的金融负债		
衍生金融资产			衍生金融负债		
应收票据			应付票据		
应收账款			应付账款		
预付款项			预收款项		
应收利息			应付职工薪酬		
应收股利			应交税费		
其他应收款			应付利息		
存货			应付股利		
划分为持有待售的资产			其他应付款		
一年内到期的非流动资产			划分为持有待售的负债		
其他流动资产			一年内到期的非流动负债		
流动资产合计			其他流动负债		
非流动资产：			流动负债合计		
可供出售金融资产			非流动负债：		
持有至到期投资			长期借款		
长期应收款			应付债券		
长期股权投资			其中：优先股		
投资性房地产			永续债		
固定资产			长期应付款		
在建工程			长期应付职工薪酬		
工程物资			专项应付款		
固定资产清理			预计负债		
生产性生物资产			递延收益		
油气资产			递延所得税负债		
无形资产			其他非流动负债		
开发支出			非流动负债合计		
商誉			负债合计		
长期待摊费用			所有者权益（或股东权益）：		
递延所得税资产			实收资本（或股本）		
其他非流动资产			其他权益工具		
非流动资产合计			其中：优先股		
			永续债		
			资本公积		
			减：库存股		
			其他综合收益		
			专项储备		
			盈余公积		
			未分配利润		
			所有者权益（或股东权益）合计		
资产总计			负债和所有者权益（或股东权益）总计		

法定代表人：　　　　　　　　主管会计工作负责人：　　　　　　　　会计机构负责人：

利　润　表

会企 02 表

编制单位：　　　　　　　　　　　　年__月　　　　　　　　　　　　单位：元

项　　目	本期金额	上期金额
一、营业收入		
减：营业成本		
营业税金及附加		
销售费用		
管理费用		
财务费用		
资产减值损失		
加：公允价值变动收益（损失以“－”号填列）		
投资收益（损失以“－”号填列）		
其中：对联营企业和合营企业的投资收益		
二、营业利润　（亏损以“－”号填列）		
加：营业外收入		
其中：非流动资产处置利得		
减：营业外支出		
其中：非流动资产处置损失		
三、利润总额（亏损以“-”号填列）		
减：所得税费用		
四、净利润（亏损以“-”号填列）		
五、其他综合收益的税后净额		
(一) 以后不能重分类进损益的其他综合收益		
1.重新计量设定受益计划净负债或净资产的变动		
2.权益法下在被投资单位不能重分类进损益的其他综合收益中享有的份额		
(二) 以后将重分类进损益的其他综合收益		
1.权益法下在被投资单位以后将重分类进损益的其他综合收益中享有的份额		
2.可供出售金融资产公允价值变动损益		
3.持有至到期投资重分类为可供出售金融资产损益		
4.现金流量套期损益的有效部分		
5.外币财务报表折算差额		
6.其他		
六、综合收益总额		
七、每股收益		
(一)基本每股收益		
(二)稀释每股收益		

法定代表人：　　　　　　　　　主管会计工作负责人：　　　　　　　　　会计机构负责人：

全国优秀畅销书

21世纪会计系列规划教材

应用型

新编基础会计学模拟实验

（第三版）

蒋　昕　编著　　单昭祥　审定

Xinbian Jichu Kuaijixue Moni Shiyan

东北财经大学出版社　大连
Dongbei University of Finance & Economics Press

图书在版编目（CIP）数据

新编基础会计学模拟实验 / 蒋昕编著. —3版. —大连：东北财经大学出版社，2015.8（2017.12重印）

（21世纪会计系列规划教材·应用型）

ISBN 978-7-5654-1930-0

Ⅰ. 新… Ⅱ. 蒋… Ⅲ. 会计学-高等学校-教学参考资料 Ⅳ. F230

中国版本图书馆CIP数据核字（2015）第089627号

东北财经大学出版社出版

(大连市黑石礁尖山街217号 邮政编码 116025)

教学支持：（0411）84710309

营 销 部：（0411）84710711

总 编 室：（0411）84710523

网 址：http：//www.dufep.cn

读者信箱：dufep@dufe.edu.cn

大连图腾彩色印刷有限公司印刷 东北财经大学出版社发行

幅面尺寸：205mm×285mm 字数：494千字 印张：25.75 插页：3

2015年8月第3版 2017年12月第15次印刷

责任编辑：李智慧 责任校对：贺 欣

封面设计：冀贵收 版式设计：钟福建

定价：40.00元

第三版前言

编写适用于培养高素质应用型人才的高水平、高质量基础会计学模拟实验教材，是我们多年来的心愿。《新编基础会计学模拟实验》的编写指导思想是：通过模拟实验使学生更好地掌握基础会计学的基本理论、基本方法和基本技能，提高学生对实际会计工作的感性认识和动手能力。本书在编写过程中融合了作者多年的会计理论教学和实践经验。通过本书的学习，读者可以快速、全面地将基础会计学的基本知识活学活用、融会贯通，为将来从事会计工作打下坚实的基础。

本书分为四部分：第一部分是概述即第一章，主要介绍基础会计学模拟实验的必要性、实验目的、实验内容、实验组织和模拟企业基本情况等；第二部分是单项模拟实验即第二章至第六章，具体包括会计数字书写与手工点钞、会计凭证的填制与审核、登记账簿与资产清查、会计核算组织程序、编制财务报告与整理会计档案；第三部分是综合模拟实验即第七章；第四部分是附录，给出了实验的部分参考答案，以便学生自学。

在2012年8月第二版的基础上，本书结合我国现行企业会计准则的最新精神，交通运输业、电信业、现代服务业等行业“营改增”的最新规定，以及2014年8月1日启用的新版增值税发票的最新格式进行了修订。修订后的教材具有以下四个显著特点：

一是实验仿真度高。本书中的很多原始凭证都直接来源于企事业单位并套红印刷，因而具有高仿真度，可以缩小会计模拟实验与会计实际工作之间的差距，提升模拟实验的效果。

二是业务实用性强。本书所涉及的模拟实验内容，都是从事基础会计实务工作所必须掌握的基本技能和基本方法，具有很强的实用性。

三是资源配置丰富。为方便学生自学，本书附录配有供学生使用的参考答案；为方便老师教学，本书配有供教师使用的教学课件、完整的参考答案以及实验材料使用说明等教学资源，请登录东北财经大学出版社的网站（www.dufep.cn）免费下载。

四是使用灵活方便。本书第三版将第二版的附录二和附录三的内容，即实验10和实验13的模拟实验材料单独印制成册，以方便师生在教学过程中灵活使用。另外，本书加了星号的实验2、实验13可以选讲，以便节省课时。

本书既可独立使用，也可作为其他相关版本的主教材（如《基础会计学》、《初级会计学》、《会计学原理》等）的配套模拟实验教材，与主教材同时使用。例如讲完主教材填制与审核会计凭证的相关内容后，接着做本教材第三章会计凭证的填制与审核的实验等。

本书由蒋昕副教授设计、拟定编写大纲并精心编著，最后由单昭祥教授总纂定稿。本书在编写过程中，得到了领导及全体同事的大力支持和热情帮助，罗琼芝女士和周志勇老师为本书的修订提供了部分素材和很好的建议。东北财经大学出版社责任编辑李智慧为本书的出版付出了大量的辛勤劳动，在此一并致以诚挚的谢意!

由于时间仓促，加之编者水平有限，书中难免有不足甚至错误之处，恳请读者批评指正，联系方式为：mrjiangxin@163.com。

蒋　昕

2015年3月

目 录

第一章 基础会计学模拟实验概述

一、基础会计学模拟实验的必要性

基础会计学是一门理论性、实践性很强的课程，基础会计学模拟实验是与基础会计学课程相配套衔接的实验课程，二者是理论与实践的关系。通过基础会计学模拟实验，可以提高学生的专业素质和动手操作技能，培养学生运用会计基本理论和方法，解决会计实际问题的能力。因此，学习基础会计学课程的同时或学完基础会计学课程后，很有必要进行基础会计学模拟实验，否则就等于纸上谈兵，会直接影响后续课程的学习效果和学生动手能力的培养。

二、基础会计学模拟实验的目的

基础会计学模拟实验的基本目的就是通过实验使学生熟悉和掌握会计的基本技能。

（一）会计数字书写与手工点钞

会计数字书写与手工点钞是会计人员基本的业务素质要求。会计数字书写，包括文字与数字的书写，通过模拟实验，应做到书写清晰、流畅、规范；手工点钞，通过练习，应掌握手工点钞的基本方法，做到快速准确。

（二）会计凭证的填制和审核

会计凭证的填制和审核是会计核算工作的起点，是会计工作的基本环节。会计凭证的填制和审核，包括了原始凭证和记账凭证填制与审核。通过模拟实验，应熟练掌握常见会计凭证的填制与审核方法。

（三）登记账簿与资产清查

登记账簿是以审核无误的会计凭证为依据，按照交易或事项发生的顺序，分门别类地记入有关账簿的一种专门核算方法。登记账簿是会计核算工作的主要环节。通过模拟实验，应熟练掌握日记账、存货明细账的登记方法，熟悉错账更正的步骤与方法，熟悉记账规则与记账方法。

资产清查是对企业单位资产的清查，主要是指对企业单位的库存现金、存货、固定资产的盘点，以及对银行存款、应收款项的账目核对，查明库存现金、银行存款、存货、固定资产及应收款项的实存数，并与账面数进行核对，从而确定账实是否相符的一种专门方法。通过模拟实验，应熟练掌握银行存款的清查方法。

（四）会计核算组织程序

会计核算组织程序是指在会计循环中，企业所采用的会计凭证、会计账簿、会计报表的种类和格式、登记账簿的方法和会计循环程序。通过模拟实验，应熟练掌握科目汇总表的编制方法，熟悉科目汇总表会计核算组织程序的基本流程。

（五）编制财务报告与整理会计档案

财务会计报告，是企业对外提供的反映企业某一特定日期的财务状况和某一会计期间的经营成果、现金流量等会计信息的文件。通过模拟实验，应熟练掌握资产负债表和利润表的编制方法。

会计档案是记录和反映单位经济业务的重要史料和证据，一般包括会计凭证、会计账簿、财务报告以及其他会计资料。通过模拟实验，应熟练掌握账、证、表的装订和整理方法。

三、基础会计学模拟实验的内容

基础会计学模拟实验主要包括了七章13项实验：

第一章　基础会计学模拟实验概述

第二章　会计数字书写与手工点钞

　　实验1　会计数字的书写

实验2* 手工点钞技术

第三章 会计凭证的填制与审核

实验3 原始凭证的填制与审核

实验4 记账凭证的填制与审核

第四章 登记账簿与资产清查

实验5 日记账的登记

实验6 存货明细账的登记

实验7 错账更正

实验8 银行存款余额调节表的编制

实验9 记账规则与结账

第五章 会计核算组织程序

实验10 科目汇总表核算组织程序

第六章 编制财务报告与整理会计档案

实验11 资产负债表和利润表的编制

实验12 会计档案的装订及保管

第七章 基础会计学综合模拟实验

实验13* 基础会计学综合模拟实验

四、基础会计学模拟实验的组织

基础会计学模拟实验可以采用分散和集中相结合的组织方式，其中实验2与实验13为选学内容，教师可以根据实际教学课时来安排。为提高实验质量，实验指导教师可以将学生分成若干实验小组，组内设置出纳、会计、审核、主管等岗位，进行分岗实验，定期轮岗。

1.分散实验，学习完《基础会计学》相关章节后进行实验1—实验12的模拟实验。

2.集中实验，学习完《基础会计学》全部内容后集中进行实验13的模拟实验。

五、本实验模拟企业情况简介

1.企业名称：海湛股份有限公司

2.地　址：海湛市寸宝路88号

3.联系电话：0788-3533071

4.法人代表：刘海

5.企业类型：股份有限公司（增值税一般纳税人）

6.企业代码：16161818

7.税务登记号：440812001765425

8.注册资金：1 417万元

其中：国家股股本占68%

　　法人股股本占32%

9.经营范围：主营：生产销售A、B两种产品

　　兼营：提供工业性劳务

10.开户银行：中国工商银行海湛市跃进支行

账　号：83852658

11.财务组织及人员分工：

会计主管：蒋榕　蒋榕

销售主管：李庆　李庆

生产、采购主管：王月　王月

出　纳：黄江　黄江

会　计：刘明
审　核：周正亿
仓库及固定资产会计：张金锭
往来结算会计：黄小洁
成本会计：朱林
领 料 员：张君伟
仓库保管：吴明君
采　购：李云飞

12.银行预留印鉴：

13.企业采用科目汇总表账务处理程序。

14.企业设有一个基本生产车间，生产A、B两种产品，其中B产品需缴纳消费税，税率为10%。A、B两种产品的销售成本均于期末集中结转。

第二章　会计数字书写与手工点钞

实验1　会计数字的书写

【实验目的】

通过实验，使学生熟练掌握阿拉伯数字、汉字大写数字的标准写法，做到规范、美观。

【实验指导】

一、阿拉伯数字的书写要求

阿拉伯数字多在填写账、表、凭证及记录计算结果时使用。

（一）阿拉伯数字的参考手写体

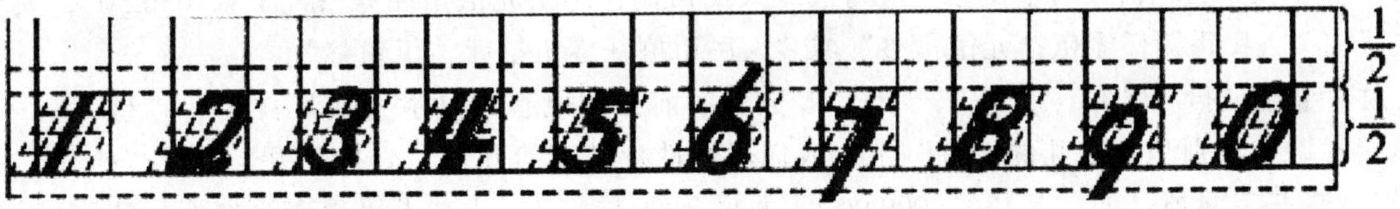

字是“敲门砖”，作为财会人员来说，能否规范地书写阿拉伯数字，直接反映了财会人员的基本功，因而，初学会计者应对规范书写阿拉伯数字引起重视，平时多加练习。

（二）阿拉伯数字的书写要求

1.阿拉伯数字应当从左至右，自上而下，一个一个地写，不得连笔写。书写时应自右上方向左下方倾斜，约成60度夹角，紧靠底线书写，高度一般占格高的1/2左右。除4和5外，其他数字应一笔写成，有圆的必须封口。

2.阿拉伯金额数字前面应当书写货币币种符号。币种符号与阿拉伯金额数字之间不得留有空白。凡阿拉伯数字前写有币种符号的，数字后面不再写货币单位。

3.所有以元为单位（其他货币种类为货币基本单位，下同）的阿拉伯数字，除表示单价等情况外，一律填写到角分；无角分的，角位和分位可写“00”，或者符号“—”；有角无分的，分位应当写“0”，不得用符号“—”代替。

4.为方便看数，整数部分从个位起向左每隔三位用一分节符“,”或用一个空格分开，个位和十分位之间的数字下面应标明小数点“.”。例如，人民币玖万壹仟贰佰元伍角整，阿拉伯数字应为：￥91,200.50或￥91 200.50。

5.对于易混淆且笔顺相近的数字，在书写时，尽可能地按标准字体书写，区分笔顺，避免混同，以防涂改。例如：

（1）“0”不能写得太小，以防被改为“6”、“8”、“9”；

（2）“1”不能写得太短，要合乎斜度要求，防止改为“4”、“6”、“7”、“9”；

（3）书写“6”字时可适当扩大其字体，使起笔上伸到数码格的1/4处，下圆要明显，以防改为“8”；

（4）“7”、“9”两字的落笔可下伸到底线外，约占下格的1/4位置；

（5）“6”、“8”、“9”、“0”都必须把圆圈笔画写顺，并一定要封口，写“8”时，上边稍小，下边应稍大，注意起笔应成斜“S”形，终笔与起笔交接处应成棱角，以防将“3”改为“8”。

二、汉字大写数字金额的书写要求

1.汉字大写数字金额如零、壹、贰、叁、肆、伍、陆、柒、捌、玖、拾、佰、仟、万、亿等，一律用正楷或者行书体书写，不得用0（或另）、一、二（两）、三、四、五、六、七、八、九、十等简化字代替，不得任意自造简化字。

汉字大写数字的标准字体如下：

零	壹	贰	叁	肆	伍	陆	柒	捌	玖	拾	佰	仟	万	亿

2.汉字大写金额数字前应标明“人民币”字样，大写金额数字应紧靠“人民币”字样填写，不得留有空白。大写金额数字前未印有“人民币”字样的，应当加填“人民币”三字。

3.汉字大写金额数字到元或者角为止的，在“元”或者“角”字之后应当写“整”（或“正”）字；大写金额数字有分的，分字后面不写“整”或（“正”）字。例如，“￥125.50”，大写金额数字应写成“人民币壹佰贰拾伍元伍角整”；“￥125.00”，大写金额数字应写成“人民币壹佰贰拾伍元整”；“￥125.55”，大写金额数字应写成“人民币壹佰贰拾伍元伍角伍分”。

4.阿拉伯金额数字中间有“0”时，汉字大写金额要写“零”字；阿拉伯数字金额中间连续有几个“0”时，汉字大写金额中可以只写一个“零”字；阿拉伯金额数字元位是“0”，或者数字中间连续有几个“0”、元位也是“0”但角位不是“0”时，汉字大写金额可以只写一个“零”字，也可以不写“零”字。如“￥8，005.54”，大写金额数字应写成“人民币捌仟零伍元伍角肆分”；“￥8，050.50”，大写金额数字应写成“人民币捌仟零伍拾元伍角整”或“人民币捌仟零伍拾元零伍角整”。

5.大写金额“拾”、“佰”、“仟”、“万”等数位字前必须冠有数量字“壹”、“贰”、“叁”……“玖”等，不能省略。特别是壹拾几的“壹”字，人们习惯性把“壹拾几”、“壹拾几万”写成“拾几”、“拾几万”，把“壹”字漏掉。如“￥130，000.00”，大写金额数字应写成“人民币壹拾叁万元整”，不能写成“人民币拾叁万元整”。

6.在会计核算中，票据的出票日期必须使用中文大写。为防止变造票据的出票日期，在填写月、日时，月为壹、贰和壹拾的，日为壹至玖和壹拾、贰拾和叁拾的，应在其前加“零”；日为拾壹至拾玖的，应在其前加“壹”。如1月15日，应写成零壹月壹拾伍日。再如10月20日，应写成零壹拾月零贰拾日。票据出票日期使用小写填写的，银行不予受理。大写日期未按要求规范填写的，银行可予受理，但由此造成损失的，由出票人自行承担。

【实验资料】

一、在下表账格中用规范化的阿拉伯数字书写

1	2	3	4	5	6	7	8	9	0	1	2	3	4	5	6	7	8	9	0	1	2	3	4	5	6	7	8	9	0	1	2	3	4	5	6	7	8	9	0	1	2	3	4	5	6	7	8	9	0

二、将下列中文大写数字写成阿拉伯数字

1. 人民币贰拾捌元肆角伍分　　应写成________________

2. 人民币贰仟壹佰万零柒仟玖佰伍拾捌元整　　应写成________________

3. 人民币玖仟万零壹拾壹元整　　应写成________________

4. 人民币壹拾陆万零叁拾贰元整　　应写成________________

5. 人民币捌角玖分　　应写成________________

6. 人民币肆万柒仟贰佰零伍元陆角捌分　　应写成________________

7. 人民币叁仟玖佰元零柒角整　　应写成________________

8. 人民币肆拾贰万零壹佰零捌元零玖分　　应写成________________

9. 人民币壹拾万元整　　应写成________________

10. 人民币捌佰万元零叁分　　应写成________________

三、请将阿拉伯数字写成中文大写数字

1. ￥82,506.38　　应写成________________

2. ￥110,000.00　　应写成________________

3. ￥620.20　　应写成________________

4. ￥5,000,020.30　　应写成________________

5. ￥80,506.07　　应写成________________

6. ￥109,080.80　　应写成________________

7. ￥408,067.09　　应写成________________

8. ￥70,002.50　　应写成________________

9. ￥67,003,000.00　　应写成________________

10. ￥78,395.58　　应写成________________

四、练习填写票据日期

1. 2015年2月1日

2. 2015年1月16日

3. 2015年10月30日

4. 2015年11月10日

【实验要求】

通过练习，熟练掌握会计数字的书写，直至书写规范、流畅，得到指导教师的认可。

实验2* 手工点钞技术

【实验目的】

通过实验，使学生熟练掌握一到两种常用的手工点钞方法。

【实验指导】

点钞技术，是财经类专业的学生应该学习的一项基本技能，也是各单位会计人员，尤其是出纳人员必须具备的一项基本功。它对于为社会经济提供信用中介、支付中介以及各项金融服务的银行来说尤其重要。点钞方法主要有手工点钞和机器点钞两种。由于机器点钞方法的技术性不是很强，操作起来相对比较简单，因而，本实验着重介绍手工点钞方法。

一、手工点钞的基本程序

手工点钞的基本程序有四道：拆把 → 点数 → 扎把 → 盖章。

1.拆把：把待点的成把钞票的封条拆掉，为点数做好准备。

2.点数：手点钞，脑记数，手、脑、眼三位一体，点准一百张。

3.扎把：把点准的一百张钞票蹾齐，用腰条扎紧。

4.盖章：在扎好的钞票的腰条上加盖经办人名章，以明确责任。

二、手工点钞的基本要求

为提高点钞技术，掌握过硬的点钞本领，必须做到以下几项基本要求：

1.坐姿端正

点钞的坐姿会直接影响点钞技术的发挥和提高。正确的坐姿应该是挺胸直腰，身体自然，肌肉放松，双手配合自如。

2. 放置恰当

点钞时应按不同券别和残好程度分类放好，并将印泥、图章、水盒、腰条等按使用顺序固定位置放好，以便点钞时使用顺手。

3.点数准确

点钞技术关键是一个“准”字，清点和记数的准确是点钞的基本要求。点数准确一要精神集中，二要定型操作，三要手点、脑记，手、眼、脑紧密配合。

4.清理整齐

钞票点好后必须蹾齐后（四条边水平，不露头，卷角拉平）才能扎把。

5.扎把捆紧

扎把即把点准的100张钞票蹾齐并用腰条扎紧。实际工作中用得比较多的扎把方法是缠绕式。具体步骤是先将整点准确的钞票蹾齐，左手拦腰横握钞票，使之成为瓦状（瓦状的幅度影响扎钞的松紧，捆扎中要保持幅度不变），然后右手持扎钞条一端插入钞票上侧缝中（或用左手将扎钞条按于钞票上），如右图，从钞票凹面开始绕两圈，绕至钞票上端时，扎钞条向右折叠90度，并以食指从右侧将其插入到原扎钞条下面并回转一圈，同时用拇指将折角压平，以防松脱。

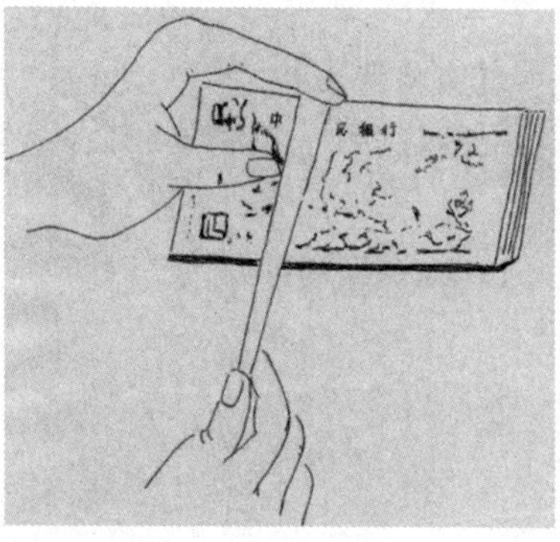

扎把标准：扎小把（100张），以提起把中第一张钞票不被抽出为准。按“#”字形捆扎的大捆（10小把），以用力推不变形、抽不出票把为准。

6. 盖章清晰

腰条上的名章，是手工点钞过程的最后一个环节，是分清责任的标志，每个人整点后都要盖章，图章要清晰可辨，不能模糊。

7. 动作连贯

动作连贯是保证点钞质量和提高效率的必要条件，点钞过程的各个环节（拆把、清点、蹾齐、扎把、盖章）必须密切配合，环环相扣。清点中双手动作要协调，速度要均匀，切忌忽慢忽快，并要注意减少不必要的小动作。

三、手工点钞的基本方法

手工点钞方法很多，概括而言，可以划分为手持式点钞法和手按式点钞法等。手持式点钞法是指将钞票持在手中进行清点的方法；手按式点钞方法是指将钞票放在台面上进行清点的方法。

（一）手持式点钞法

手持式点钞法根据指法不同可以分为：单指单张、单指多张、多指多张、扇面式点钞等4种。

1. 手持式单指单张点钞法

手持式单指单张点钞法是指点钞时用一个手指一次点一张的方法。这种方法是点钞中最基本也是最常用的一种方法，使用范围较广。适用于收款、付款和整点各种新旧大小钞票。这种点钞方法由于持票面小，能看到票面的3/4，容易发现假钞票及残破票，缺点是点一张记一个数，比较费力。具体操作可分为以下几个环节：

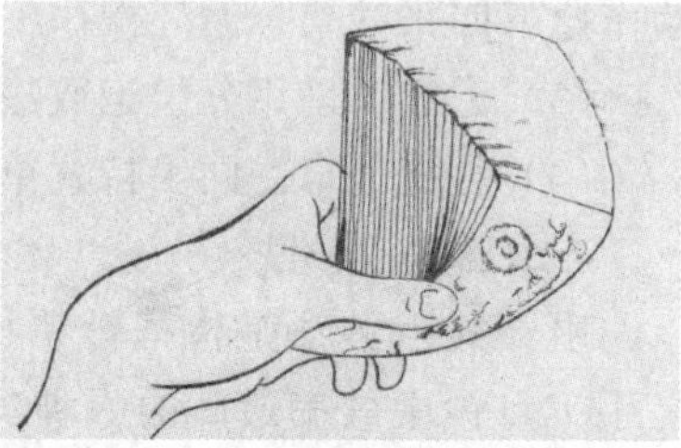

（1）持钞。左手横执钞票，下面朝向身体，左手拇指在钞票正面左端约1/4处，食指与中指在钞票背面与拇指同时捏住钞票，无名指与小指自然弯曲并伸向票前左下方，与中指夹紧钞票，食指伸直，拇指向上移动，按住钞票侧面，将钞票压成瓦形，左手将钞票从桌面上擦过，拇指顺势将钞票向上翻成微开的扇形，如右上图，同时，右手拇指、食指作点钞准备。

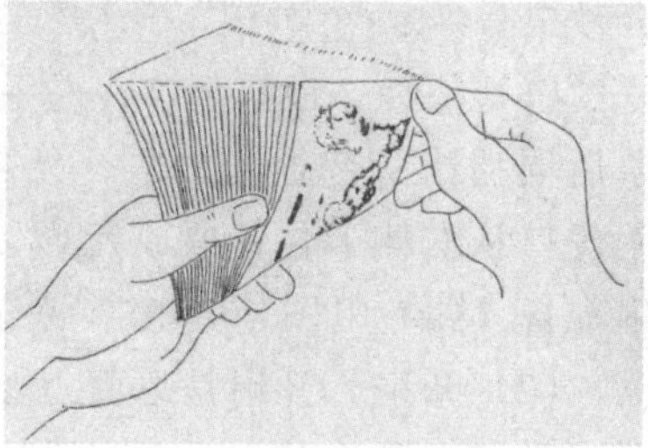

（2）清点。左手持钞并形成瓦形后，右手食指托住钞票背面右上角，用拇指尖逐张向下捻动钞票右上角，如右下图，捻动幅度要小，不要抬得过高。要轻捻，食指在钞票背面的右端配合拇指捻动，左手拇指按捏钞票不要过紧，要配合右手起自然助推的作用。右手的无名指将捻起的钞票向怀里弹，要注意轻点快弹。

（3）记数。与清点同时进行。在点数速度快的情况下，往往由于记数迟缓而影响点钞的效率，因此记数应该采用分组记数法。把10作1记，即1、2、3、4、5、6、7、8、9、1（即10），1、2、3、4、5、6、7、8、9、2（即20），以此类推，数到1、2、3、4、5、6、7、8、9、10（即100）。采用这种记数法记数既简单又快捷，省力又好记。但记数时要默记，不要念出声，做到脑、眼、手密切配合，既准又快。

（4）扎把盖章。扎把即把点准的100张钞票蹾齐并用腰条扎紧；盖章即在扎紧钞票的腰条上加盖经办人名章，以明确责任。

2. 手持式单指多张点钞法

手持式单指多张点钞法是指点钞时一指同时点两张或两张以上的方法。它适用于收款、付款和各种券别的整点工作。点钞时记数简单省力，效率高。但也有缺点，就是在一指捻几张时，由于不能看到中间几张的全部票面，所以假钞和残破票不易发现。

这种点钞法除了记数和清点外，其他均与单指单张点钞法相同。

（1）持钞（同单指单张）。

（2）清点。清点时，右手食指放在钞票背面右上角，拇指肚放在正面右上角，拇指尖超出票面，用拇指肚先捻钞。单指双张点钞法，拇指肚先捻第一张，拇指尖捻第二张。单指多张点钞法，拇指用力要均衡，捻的幅度不要太大，食指、中指在钞票后面配合捻动，拇指捻张，无名指向怀里弹。在右手拇指往下捻动的同时，左手拇指稍抬，使票面拱起，从侧边分层错开，便于看清张数，左手拇指往下拨钞票，右手拇指抬起让钞票下落，左手拇指在拨钞的同时下按其余钞票，左右两手拇指一起一落协调动作，如此循环，直至点完。

（3）记数。采用分组记数法。比如：点双数，两张为一组记一个数，50组就是100张。

（4）扎把盖章。同手持式单指单张点钞法。

3. 手持式多指多张点钞法

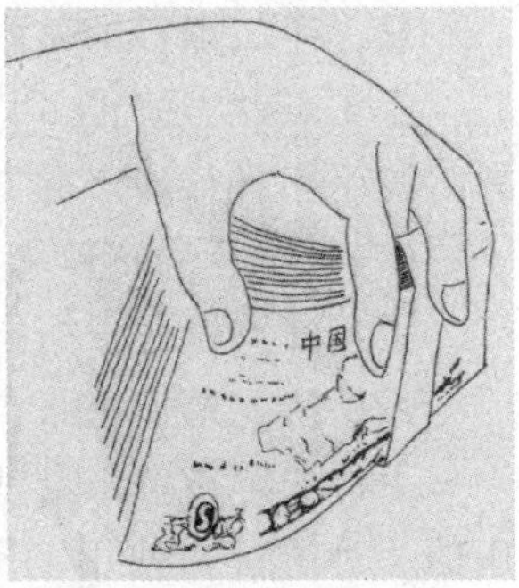

手持式多指多张点钞法是指点钞时用小指、无名指、中指、食指依次捻下一张钞票，一次清点四张钞票的方法，也叫四指四张点钞法。这种点钞法适用于收款、付款和整点工作，这种点钞方法不仅省力、省脑，而且效率高。能够逐张识别假钞票和挑剔残破钞票。

（1）持钞。用左手持钞，中指在前，食指、无名指、小指在后，将钞票夹紧，四指同时弯曲将钞票轻压成瓦形，拇指在钞票的右上角外面，将钞票推成小扇面（如右上图），然后手腕向里转，使钞票的右里角抬起，右手五指准备清点。

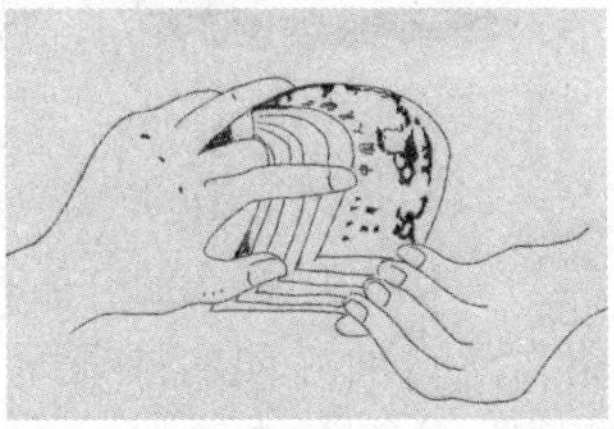

（2）清点。右手腕抬起，拇指贴在钞票的右里角，其余四指同时弯曲并拢（如右中图），从小指开始每指捻动一张钞票，依次下滑四个手指，每一次下滑动作捻下四张钞票，循环操作，直至点完100张。

（3）记数。采用分组记数法。每次点四张为一组，记满25组为100张。

（4）扎把盖章。同手持式单指单张点钞法。

4.扇面式点钞法

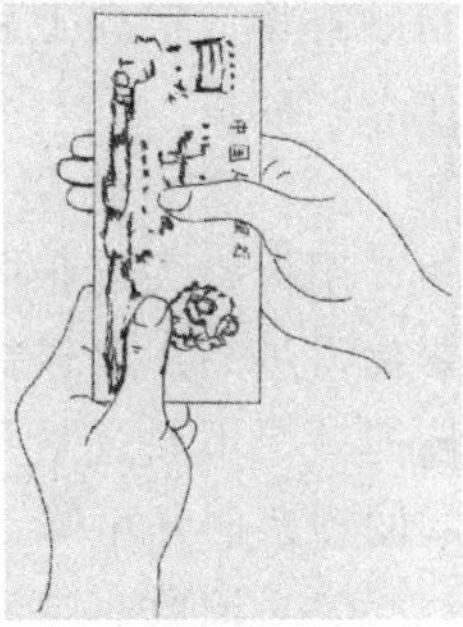

扇面式点钞法是指把钞票捻成扇面状进行清点的方法。这种点钞方法速度快，是手工点钞中效率最高的一种。但它只适合清点新票币，不适于清点新、旧、破混合钞票。

（1）持钞。钞票竖拿，左手拇指在票前下部中间票面约1/4处。食指、中指在钞票后同拇指一起捏住钞票，无名指和小指蜷向手心。右手拇指在左手拇指的上端，用虎口从右侧卡住钞票成瓦形，食指、中指、无名指、小指均横在钞票背面，做开扇准备（如右下图）。

（2）开扇。开扇是扇面点钞的一个重要环节，扇面要开的均匀，为点数打好基础，做好准备。其方法是：以左手为轴，右手食指将钞票向胸前左下方压弯，然后再猛向右方闪动，同时右手拇指在钞票前向左上方推动钞票，食指、中指在钞票后面用力向右捻动，左手指在钞票原位置向逆时针方向画弧捻动，食指、中指在票后面用力向左上方捻动，右手手指逐步向下移动，至右下角时即可将钞票推成扇面形（如下图）。如有不均匀地方，可双手持钞抖动，使其均匀。

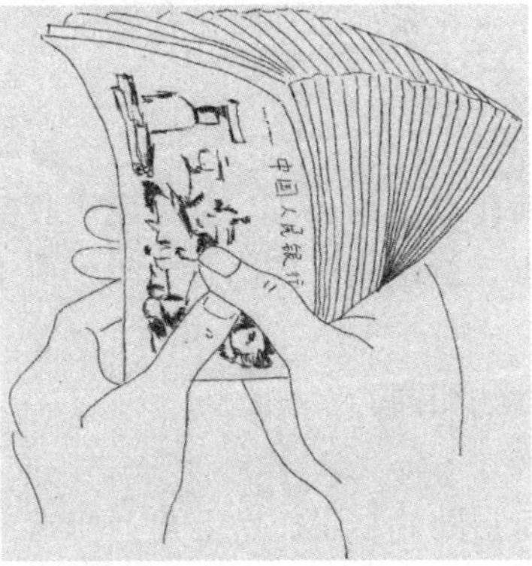

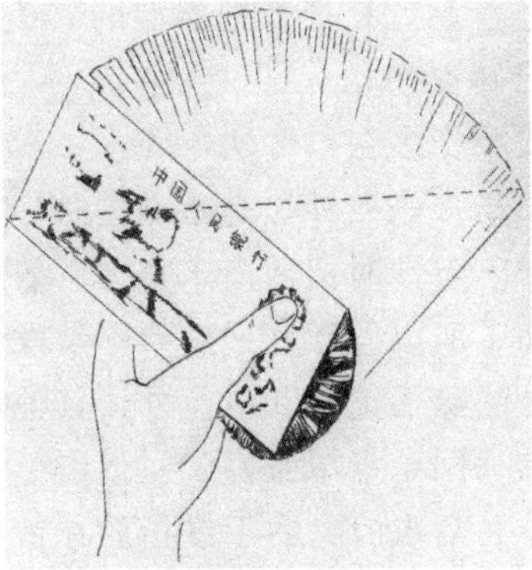

打扇面时，左右两手一定要配合协调，不要将钞票捏得过紧，如果点钞时采取一按十张的方法，扇面要开小些，便于点清。

（3）点数。左手持扇面，右手中指、无名指、小指托住钞票背面，拇指在钞票右上角1厘米处，一次按下五张或十张（如左下图）；按下后用食指压住，拇指继续向前按第二次，以此类推，同时左手应随右手点数速度向内转动扇面，以迎合右手按动，直到点完100张为止。

（4）记数。采用分组记数法。一次按5张为一组，记满20组为100张；一次按10张为一组，记满10组为100张。

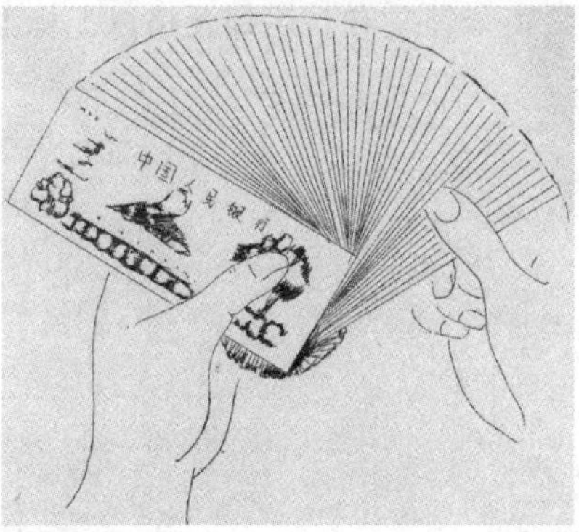

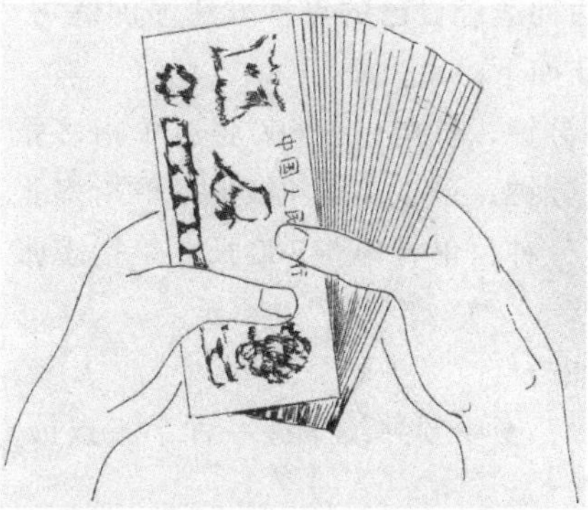

（5）合扇。清点完毕合扇时，将左手向右倒，右手托住钞票右侧向左合拢（如右上图），左右手指向中间一起用力，使钞票竖立在桌面上，两手松拢轻蹾，把钞票蹾齐，准备扎把。

（6）扎把盖章。同手持式单指单张点钞法。

（二）手按式点钞法

手按式点钞法也是常用的点钞方法之一，根据指法不同可以分为：手按式单指单张和手按式多指多张两种。

1. 手按式单指单张点钞法

手按式单指单张点钞法适用于不足100张零票的清点以及收、付款工作的初点和复点。

具体操作环节如下：

（1）按钞。把钞票平放在桌面上，钞票稍露桌角，钞票与桌沿夹角约15度，左手小指、无名指压钞约1/4处。

（2）点数。右手掌心向下，手腕抬起，拇指托起适量钞票，食指指尖将钞票右侧内角与拇指摩擦后向上提，同时左手拇指迅速接过，并向上推，送到左手食指与中指之间夹住，每点10张为一组，依次连续操作。

（3）记数。同手持式单指单张点钞法。

（4）扎把盖章。同手持式单指单张点钞法。

2. 手按式多指多张点钞法

（1）按钞。把钞票平放在桌面上，钞票稍露桌角，钞票与桌沿夹角约15度，左手小指、无名指压钞约1/4处。

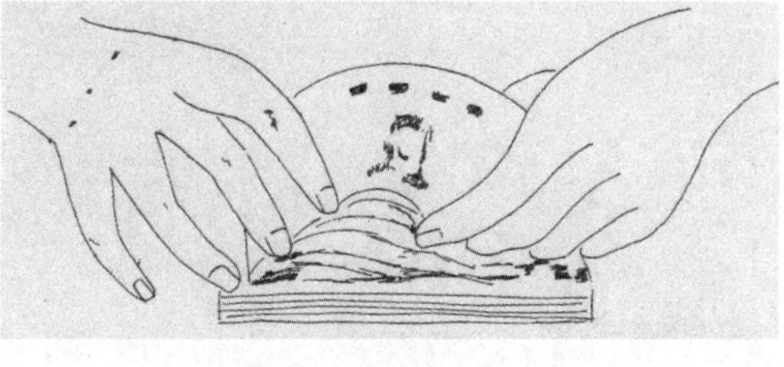

（2）点数。右手掌心向下，手腕抬起，拇指托起适量钞票，三指捻动清点时，右手无名指捻动第一张钞票的右下角，右手中指插入第一张、第二张钞票的缝隙内，并捻动第二张钞票的右下角，接着右手食指插入第二张、第三张钞票的缝隙内，并捻动第三张钞票的右下角，一次点三张为一组，依次循环捻动（如右图）；每点完一组，左手拇指将点完的钞票向上翻起，并用左手食指、中指夹住钞票。四指捻动清点时，先用右手小拇指捻起第一张，随后无名指、中指和食指依次各捻起一张，四张为一组，依次循环捻动；每点完一组，左手拇指将点完的钞票向上翻起，并用左手食指、中指夹住钞票。

(3) 记数。采用分组记数法。三指捻动清点时，共33组余1张，共100张。四指捻动清点时，共25组，100张。

(4) 扎把盖章。同手持式单指单张点钞法。

【实验资料】

选择一两种适合自己的点钞方法多加练习，要求每天练习30分钟左右。达到及格以上标准。

考核标准如下：

优秀：5分钟，单指单张600张；单指多张800张。

良好：5分钟，单指单张400张；单指多张600张。

及格：5分钟，单指单张300张；单指多张500张。

【实验要求】

通过练习，至少要熟练掌握一种手工点钞方法。

第三章　会计凭证的填制与审核

实验3　原始凭证的填制与审核

【实验目的】

通过实验，使学生掌握常见原始凭证的基本内容、填制方法及其传递程序，熟悉原始凭证的审核内容。

【实验指导】

原始凭证，亦称单据，是在交易或者事项发生或完成时取得或编制的，用以记录或证明交易或者事项发生或完成情况，明确经济责任（一般具有法律效力）的书面证明。

一、原始凭证的填制

（一）原始凭证的填制要求

根据我国《会计基础工作规范》的规定和要求，在填制原始凭证时，必须符合的基本要求是：

1.原始凭证的内容必须具备：凭证的名称；填制凭证的日期；填制凭证单位名称 或者填制人姓名；经办人员的签名或者盖章；接受凭证单位名称；经济业务内容；数量、单价和金额。

2.从外单位取得的原始凭证，必须盖有填制单位的业务专用章；从个人取得的原始凭证，必须有填制人员的签名或者盖章。自制原始凭证必须有经办单位领导人或者其指定的人员签名或者盖章。对外开出的原始凭证，必须加盖本单位业务专用章。

3.凡填有大写和小写金额的原始凭证，大写与小写金额必须相符。购买实物的原始凭证，必须有验收证明。支付款项的原始凭证。必须有收款单位和收款人的收款证明。

4.一式几联的原始凭证，应当注明各联的用途，只能以一联作为报销凭证。此外，一式几联的发票和收据，必须用双面复写纸（发票和收据本身具备复写纸功能的除外）套写，并连续编号。作废时应当加盖“作废”戳记，连同存根一起保存，不得撕毁。

5.发生销货退回的，除填制退货发票外，还必须有退货验收证明；退款时，必须取得对方的收款收据或者汇款银行的凭证，不得以退货发票代替收据。

6.职工公出借款凭据，必须附在记账凭证之后。收回借款时，应当另开收据或者退还借据副本，不得退还原借款收据。

7.经上级有关部门批准的经济业务，应当将批准文件作为原始凭证附件：如果批准文件需要单独归档的，应当在凭证上注明批准机关名称、日期和文件字号。

8.原始凭证不得涂改、挖补。发现原始凭证有错误的，应当由开出单位重开或者更正，更正处应当加盖开出单位的公章。

（二）支票的签发和使用

支票是由出票人签发的，委托办理支票存款业务的银行或者其他金融机构在见票时无条件支付确定金额给收款人或持票人的票据。支票分为现金支票、转账支票和普通支票。现金支票只能用于支取现金；转账支票只能用于转账；普通支票可以用于支取现金，也可用于转账，在普通支票左上角划两条平行线的划线支票只能用于转账。

1.支票的签发

单位签发支票时，必须使用碳素墨水或墨汁，字体不要潦草。未按规定填写，被涂改冒领的，由出票人负责。具体要求如下：

（1）支票存根联（左半部分）的签发

附加信息如无需要特别说明的，一般就不填；出票日期和金额用小写；收款人和用途的填列同正本联；单位主管和会计处要签章。

（2）支票正本联（右半部分）的签发

①出票日期（大写）：正本联的出票日期必须大写。例如：2015年2月11日应大写为“贰零壹伍年零贰月壹拾壹日”。

②收款人：

a.现金支票收款人可写为本单位名称，此时现金支票背面“被背书人”栏内加盖本单位的财务专用章和法人章，之后收款人可凭现金支票直接到开户银行或联网营业点提取现金。

b.现金支票收款人可写为收款人个人姓名，此时现金支票背面不盖任何章，收款人在现金支票背面填上身份证号码和发证机关名称，凭身份证和现金支票签字领款。

c.转账支票收款人应填写为对方单位名称。转账支票背面本单位不盖章。收款单位取得转账支票后，在支票背面被背书栏内加盖收款单位财务专用章和法人章，填写好银行进账单后连同该支票交给收款单位的开户银行委托银行收款。

③付款行名称、出票人账号：即为本单位开户银行名称及银行账号。例如：工行赤坎支行跃进路分理处1101011109900066668。

④人民币（大写）：一定要用数字大写金额。例如：189，545.00的大写金额为“壹拾捌万玖仟伍佰肆拾伍元整。

⑤人民币小写：最高金额的前一位空白格用“￥”字头打掉，数字填写要求完整清楚。

⑥用途：

a.现金支票有一定限制，一般填写“备用金”、“差旅费”、“工资”等。

b.转账支票没有具体规定，可填写如“货款”、“咨询费”等。

⑦盖章：支票正面盖财务专用章和法人章，缺一不可，印泥为红色，印章必须清晰，印章模糊只能将本张支票作废，换一张重新填写重新盖章。反面盖章与否见“（2）收款人”。

⑧复核、记账：银行内部记账用，出票人无需填写。

2.支票的使用

（1）支票一律记名，中国人民银行总行批准的地区转账支票可以背书转让。

（2）支票提示付款期为十天（从签发的当日起，日期首尾算一天，到期日遇法定假日顺延）。

（3）已签发现金支票发生遗失，可以向付款银行申请挂失；挂失前已经支付，银行不予受理。

（4）出票人签发空头支票、印章与银行预留印鉴不符的支票、使用支付密码但支付密码错误的支票，银行除将支票做退票处理外，还要按票面金额处以5%但不低于1 000元的罚款。

（5）支票大小写金额和收款人不得更改。其他记载事项，原记载人可以更改，更改时应由原记载人在更改处签章证明。单位签章应为该单位的签章加其法定代表人或授权代理人的签章。

（6）支票填好后，应将填制无误的支票沿着虚线撕开，存根联作为单位记账的依据；现金支票的正本交给银行提取现金，转账支票的正本交给采购员使用（交给收款人）。

（三）增值税专用发票的填写及使用

1.增值税专用发票是一般纳税人销售货物或者提供应税劳务、服务等开具的发票，是购买方支付增值税额并可按照增值税有关规定据以抵扣增值税进项税额的凭证。一般纳税人应通过增值税防伪税控系统使用专用发票。

2.增值税专用发票由基本联次或者基本联次附加其他联次构成，基本联次为三联 。

第一联，记账联——销售方记账凭证，作为销售方核算销售收入和增值税销项税额的凭证。

第二联，抵扣联——购买方扣税凭证，作为购买方报送主管税务机关认证抵扣的凭证；

第三联，发票联——购买方记账凭证，作为购买方核算采购成本和增值税进项税额的凭证。

其他联次一般也是三联，其用途由一般纳税人自行确定。

3.专用发票应按下列要求开具：

（1）项目齐全，与实际交易相符；

（2）字迹清楚，不得压线、错格；

（3）发票联和抵扣联加盖发票专用章；

（4）按照增值税纳税义务的发生时间开具。

对不符合上列要求的专用发票，购买方有权拒收。

（四）进账单的填写与使用

1.银行进账单是持票人或收款人将票据款项存入收款人在银行账户的凭证，也是银行将票据款项记入收款人账户的凭证。银行进账单分为三联式银行进账单和二联式银行进账单。

2.三联式银行进账单的第一联为回单联，是客户存支票时银行受理后加盖收妥抵用章或凭证受理专用章，一般给付款人（若持票人为收款人的，只表明付款银行受理了该笔业务），表示银行收到该票据后给客户的依据；第二联为收款人开户银行贷方凭证，表明该笔转账业务的资金已由付款银行划转到了收款银行；第三联为收款人的收账通知，需要收款人开户银行加盖转讫章方能表明款项已经入到收款人的账户中。

3.二联式银行进账单的第一联为给持票人的回单（即收账通知），第二联为银行的贷方凭证。

4.持票人填写银行进账单时，必须清楚地填写票据种类、票据张数、收款人名称、收款人开户银行及账号、付款人名称、付款人开户银行及账号、票据金额等栏目，并连同相关票据一并交给银行经办人员。对于二联式银行进账单，银行受理后，银行应在第一联上加盖转讫章并退给持票人，持票人凭以记账。

（五）借款单的填写与使用

借款单是用于单位部门或个人出差、零星小额采购等向单位借款时填写的单据。借款单一般为三联式：

第一联记账联，给财务出纳作账；

第二联交借款人，给借款人存查；

第三联存根联，作存根备查。

（六）现金缴款单的填写与使用

现金缴款单主要是用于单位或个人将现金缴存银行时填写的单据。不同的金融机构，名称略有差异，也称现金交款单、现金存款凭条等。现金缴款单由企业财会人员负责填写，现金缴款单的基本联次因金融机构不同而有所差异，多为一式两联或一式三联，应一次套写完成。两联式的现金缴款单各联次的用途为：

第一联是银行核对（记账）联；

第二联是客户核对（回单）联。

三联式的现金缴款单各联次的用途为：

第一联是回单联，由银行盖章后退回单位；

第二联是贷方凭证，由收款人开户银行作为贷方凭证；

第三联是存查联，由出纳留存。

（七）收据的填写与使用

收据是收到钱或东西后写给对方的字据。当企业收取租金、押金、罚款、赔款以及收到投资方的投资款时都需要开具收据。

收据由企业出纳负责填写，按编号顺序使用。收据基本联次为一式三联，应一次套写完成，并加盖单位财务专用章和经办人签章。收据各联次的用途为：

第一联是存根联；

第二联交缴款单位；

第三联是记账联。

收据填写完毕复核后，将第一联留存在收据本上；第二联是交给交款单位或个人的回执；第三联留作编制记账凭证的依据。

（八）差旅费报销单的填写与使用

差旅费报销单是出差人员完成出差任务回来以后进行报销的一种专门用途的固定表格式单据。

差旅费报销单由报销人填制，然后交给财会人员作为现金退补的依据。出差过程中取得的车船票、住宿费发票等外来原始凭证，应分类整理后粘贴在报销单后或先粘贴在专用的粘贴单上然后附在报销单后。

实际工作中，不同单位的差旅费报销规定各不相同，本实验中的海湛股份公司的规定如下：

1.途中伙食费补贴标准：出差天数在10天以内的（含10天）伙食补助费每人每天50元，出差天数超过10天的伙食补助费减半发放。

2.住宿费标准为：公司高层管理人员（董事长、总经理、副总经理）住宿费每人每天350元。公司中层管理人员（部门经理）住宿费每人每天300元。其余人员住宿费每人每天200元。

3.飞机票、火车票、船票、汽车票及市内交通费等在审批范围内实报实销。

二、原始凭证的审核

审核原始凭证是正确组织会计核算和进行会计检查的一个重要环节，也是实行会计监督的一个重要手段。

（一）原始凭证审核的主要内容

1.审核原始凭证的合法性、真实性。

审核原始凭证的合法性就是审核交易或者事项是否违反会计法规。审核原始凭证的真实性是在合法性的基础上，审核交易或者事项是否符合实际情况，如有无弄虚作假，伪造或涂改凭证等。

2.审核原始凭证的合理性、合规性。

审核原始凭证的合理性是在交易或者事项合法、真实的基础上，审核原始凭证所记录的交易或者事项是否符合企业生产经营活动的需要，是否符合有关的计划和预算等。审核原始凭证的合规性是在交易或者事项合理的基础上是否符合企业的有关规定。

3.审核原始凭证的完整性、正确性。

审核原始凭证的完整性是在交易或者事项合法、真实、合理、合规的基础上，审核原始凭证所记录的交易或者事项是否完整，即应填列项目是否填列齐全，有无遗漏。审核原始凭证的正确性是在交易或者事项完整的基础上，审核原始凭证各个项目是否填列正确。

原始凭证审核的三个层次是循序渐进的，因为合法不一定真实，合法、真实不一定合理，合理不一定合规，合法、真实、合理、合规不一定完整，完整不一定正确。只有完成上述三个层次的审核，才能保证原始凭证记录交易或者事项的发生或完成情况，明确经济责任的法律效力。

（二）原始凭证审核后的处理

1.对于符合合法性、真实性、合理性、合规性、完整性和正确性要求的原始凭证，应按规定及时办理有关会计手续，填制相应记账凭证，并将原始凭证作为有关附件附于记账凭证之后，以备查核。

2.对于符合合法性、真实性、合理性、合规性、但不够完整、正确的原始凭证，暂缓办理会计手续，退回给有关责任人和经办人，由其负责将有关凭证补充完整、更正错误或重开后，再办理正式会计手续。

3.对于不符合合法性、真实性、合理性、合规性的原始凭证，不管其内容是否完整、正确，会计人员都有权拒绝受理，并及时向单位负责人报告。

实验3-1　原始凭证的填制

【实验资料】

企业名称：海湛股份有限公司　　地址：海湛市寸宝路88号　电话：0788-3533071

开户银行：工商银行海湛市跃进支行　账号：83852658 纳税人识别号：440812001765425

法人代表：刘海　会计主管：蒋榕　会计：刘明　出纳：黄江　销售主管：李庆

2015年1月海湛股份有限公司发生的有关交易或事项如下：

1. 1月2日，开出现金支票从银行提取3 500元现金备用。

中国工商银行（粤）
现金支票存根
No.88801234

附加信息

出票日期　年　月　日

收款人：	
金　额：	
用　途：	

单位主管：　　会计：

本支票付款期限十天

中国工商银行**现金支票**（粤）　　No. 88801234

出票日期（大写）　　年　　月　　日　　　付款行名称：

收款人：　　　　　　　　　　　　　　　　出票人账号：

人民币（大写）	百	十	万	千	百	十	元	角	分

用途：

上列款项请从

我账户内支付

出票人盖章　　　　　　　　复核　　　　记账

2. 1月4日，销售给市湛化公司A产品一批，销售部开出增值税专用发票一式三联。购货方采购员持发票到财务部以转账支票办理货款结算，财会人员收取支票后，当日填写进账单送存银行。

广东增值税专用发票

4400084188　　　此联不作报销、扣税凭证使用　　　№00286886

（印章：全国统一发票监制章　广东　国家税务总局监制）

校验码 74092 24835 12036 36495　　　　　　　开票日期：2015年01月04日

购买方	名称：海湛市湛化公司 纳税人识别号：440812068717984 地址、电话：海湛市湖光路8号 0788-2859000 开户银行及账号：海湛市商业银行 68717984	密码区	-3>7—98209—8<*>9*29 <2>/81+1764/-6<91>-93 >60+4433><43<3>*61353 654---26>7/68>/7/>>*>	加密版本01 4400084188 00286886

货物或应税劳务、服务名称	规格型号	单位	数量	单价	金额	税率	税额
A产品		件	1 000	400.00	400 000.00	17%	68 000.00
合　计					¥400 000.00		¥68 000.00
价税合计（大写）	⊗肆拾陆万捌仟元整						（小写）¥468 000.00

销售方	名称：海湛股份有限公司 纳税人识别号：440812001765425 地址、电话：海湛市寸宝路88号 0788-3533071 开户银行及账号：工行海湛市跃进支行 83852658	备注	

收款人：黄江　　复核：刘明　　开票人：钟月　　销售方：（章）

第一联：记账联　销售方记账凭证

<table>
<tr><td colspan="2">附加信息：</td><td>被背书人</td></tr>
<tr><td>身份证件名称：</td><td>发证机关：</td><td rowspan="2">背书人签章
年　月　日</td></tr>
<tr><td colspan="2">号码</td></tr>
</table>

广东增值税专用发票

抵　扣　联

4400084188　　　　　　　　№00286886

校验码 74092 24835 12036 36495　　　　　　开票日期：2015年01月04日

<table>
<tr><td rowspan="4">购买方</td><td colspan="4">名　　称：海湛市湛化公司</td><td rowspan="4">密码区</td><td colspan="2">-3>7—98209—8<*>9*29</td><td>加密版本01</td></tr>
<tr><td colspan="4">纳税人识别号：440812068717984</td><td colspan="2"><2>/81+1764/-6<91>-93</td><td>4400084188</td></tr>
<tr><td colspan="4">地 址、电 话：海湛市湖光路8号0788-2859000</td><td colspan="2">>60+4433><43<3>*61353</td><td>00286886</td></tr>
<tr><td colspan="4">开户银行及账号：海湛市商业银行68717984</td><td colspan="3">654---26>7/68>/7/>>*></td></tr>
<tr><td colspan="2">货物或应税劳务、服务名称</td><td>规格型号</td><td>单位</td><td>数量</td><td>单价</td><td>金额</td><td>税率</td><td>税额</td></tr>
<tr><td colspan="2">A产品</td><td></td><td>件</td><td>1 000</td><td>400.00</td><td>400 000.00</td><td>17%</td><td>68 000.00</td></tr>
<tr><td colspan="2">合　计</td><td></td><td></td><td></td><td></td><td>¥400 000.00</td><td></td><td>¥68 000.00</td></tr>
<tr><td colspan="2">价税合计（大写）</td><td colspan="5">⊗肆拾陆万捌仟元整</td><td colspan="2">（小写）¥468 000.00</td></tr>
<tr><td rowspan="4">销售方</td><td colspan="4">名　　称：海湛股份有限公司</td><td rowspan="4">备注</td><td colspan="3" rowspan="4">海湛股份有限公司
440812001765425
发票专用章</td></tr>
<tr><td colspan="4">纳税人识别号：440812001765425</td></tr>
<tr><td colspan="4">地 址、电 话：海湛市寸宝路88号　0788-3533071</td></tr>
<tr><td colspan="4">开户银行及账号：工行海湛市跃进支行83852658</td></tr>
</table>

收款人：黄江　　复核：刘明　　开票人：钟月　　销售方：（章）

第二联：抵扣联　购买方扣税凭证

广东增值税专用发票

发　票　联

4400084188　　　　　　　　№00286886

校验码 74092 24835 12036 36495　　　　　　开票日期：2015年01月04日

<table>
<tr><td rowspan="4">购买方</td><td colspan="4">名　　称：海湛市湛化公司</td><td rowspan="4">密码区</td><td colspan="2">-3>7—98209—8<*>9*29</td><td>加密版本01</td></tr>
<tr><td colspan="4">纳税人识别号：440812068717984</td><td colspan="2"><2>/81+1764/-6<91>-93</td><td>4400084188</td></tr>
<tr><td colspan="4">地 址、电 话：海湛市湖光路8号0788-2859000</td><td colspan="2">>60+4433><43<3>*61353</td><td>00286886</td></tr>
<tr><td colspan="4">开户银行及账号：海湛市商业银行68717984</td><td colspan="3">654---26>7/68>/7/>>*></td></tr>
<tr><td colspan="2">货物或应税劳务、服务名称</td><td>规格型号</td><td>单位</td><td>数量</td><td>单价</td><td>金额</td><td>税率</td><td>税额</td></tr>
<tr><td colspan="2">A产品</td><td></td><td>件</td><td>1 000</td><td>400.00</td><td>400 000.00</td><td>17%</td><td>68 000.00</td></tr>
<tr><td colspan="2">合　计</td><td></td><td></td><td></td><td></td><td>¥400 000.00</td><td></td><td>¥68 000.00</td></tr>
<tr><td colspan="2">价税合计（大写）</td><td colspan="5">⊗肆拾陆万捌仟元整</td><td colspan="2">（小写）¥468 000.00</td></tr>
<tr><td rowspan="4">销售方</td><td colspan="4">名　　称：海湛股份有限公司</td><td rowspan="4">备注</td><td colspan="3" rowspan="4">海湛股份有限公司
440812001765425
发票专用章</td></tr>
<tr><td colspan="4">纳税人识别号：440812001765425</td></tr>
<tr><td colspan="4">地 址、电 话：海湛市寸宝路88号　0788-3533071</td></tr>
<tr><td colspan="4">开户银行及账号：工行海湛市跃进支行83852658</td></tr>
</table>

收款人：黄江　　复核：刘明　　开票人：钟月　　销售方：（章）

第三联：发票联　购买方记账凭证

本支票付款期限十天

海湛市商业银行**转账支票**　　　　No. 88889911

出票日期（大写）贰零壹伍年零壹月零肆日　　　　付款行名称：海湛市商业银行

收款人：海湛股份有限公司　　　　出票人账号：68717984

人民币（大写）	百	十	万	千	百	十	元	角	分
肆拾陆万捌仟元整	¥	4	6	8	0	0	0	0	0

用途 货款

上列款项请从

我账户内支付

出票人签章　　海湛市湛化公司 财务专用章　　平王 印和　　复核　　记账

中国工商银行**进账单**（回单）　1

年　月　日

出票人		收款人	
全　称		全　称	
账　号		账　号	
开户银行		开户银行	

金额 人民币（大写）	亿	千	百	十	万	千	百	十	元	角	分

票据种类		票据张数		
票据号码				
复核　记账				收款人开户行签章

此联是银行交给持票人的回单

中国工商银行**进账单**（贷方凭证）　2

年　月　日

出票人		收款人	
全　称		全　称	
账　号		账　号	
开户银行		开户银行	

金额 人民币（大写）	亿	千	百	十	万	千	百	十	元	角	分

票据种类		票据张数		
票据号码				
备注：				复核　记账

此联由收款人开户银行作贷方凭证

中国工商银行**进账单**（收款通知）　**3**

年　月　日

出票人	全　称		收款人	全　称	
	账　号			账　号	
	开户银行			开户银行	
金额	人民币（大写）				亿 千 百 十 万 千 百 十 元 角 分
票据种类		票据张数			
票据号码					
复核　记账				收款人开户行签章	

此联是收款人开户银行给收款人的收账通知

3. 1月10日，销售部员工钟大明赴广州参加商品展销会，经批准预借差旅费3 000元，财务人员审核无误后付现金。

海湛股份有限公司借款单

日期：　　年　月　日

部门名称			借款人		
借款用途					
借款金额（大写）				十 万 千 百 十 元 角 分	
批准人		会计		出纳	

第一联：记账联

海湛股份有限公司借款单

日期：　　年　月　日

部门名称			借款人		
借款用途					
借款金额（大写）				十 万 千 百 十 元 角 分	
批准人		会计		出纳	

第二联：交借款人

海湛股份有限公司借款单

日期：　　年　月　日

部门名称			借款人		
借款用途					
借款金额（大写）				十 万 千 百 十 元 角 分	
批准人		会计		出纳	

第三联：存根联

4. 1月15日，出纳员将当天的零星销货款65 500元现金存入银行（其中面额100元的500张，面额50元的300张，面额10元的50张）。

中国工商银行**现金存款凭条**

年　　月　　日

存款人	全　称			
	账　号		款　项 来　源	
	开户行		交款人	

金额 大写(币种)	百	十	万	千	百	十	元	角	分

票　面	张　数	金　额	票　面	张　数	金　额	
100元			5角			
50元			2角			
20元			1角			
10元			5分			
5元			2分			
2元			1分			
1元						复核:　　　经办:

第一联：银行核对联

中国工商银行**现金存款凭条**

年　　月　　日

存款人	全　称			
	账　号		款　项 来　源	
	开户行		交款人	

金额 大写(币种)	百	十	万	千	百	十	元	角	分

票　面	张　数	金　额	票　面	张　数	金　额	
100元			5角			
50元			2角			
20元			1角			
10元			5分			
5元			2分			
2元			1分			
1元						复核:　　　经办:

第二联：客户核对联

5. 1月20日，钟大明出差回来报销差旅费2 700元，退回现金300元。具体情况如下：
出差时间：2015年1月15日至2015年1月19日。
出差地点：广州市，飞机票（往返）1 600元。
住宿费：每天200元，住宿4晚，计800元。
伙食补助：每天50元，共计250元。
其他费用：公交、出租车费50元。

海湛股份有限公司收据

年 月 日　　　　　　№000126

交款单位 或交款人		收款方式	
事由＿＿＿＿＿＿＿＿ 金额（人民币大写）：＿＿＿＿＿＿＿＿　¥＿＿＿＿			备注：

第一联：存根联

收款人：　　　　　　收款单位（盖章）

海湛股份有限公司收据

年 月 日　　　　　　№000126

交款单位 或交款人		收款方式	
事由＿＿＿＿＿＿＿＿ 金额（人民币大写）：＿＿＿＿＿＿＿＿　¥＿＿＿＿			备注：

第二联：交给缴款单位

收款人：　　　　　　收款单位（盖章）

海湛股份有限公司收据

年 月 日　　　　　　№000126

交款单位 或交款人		收款方式	
事由＿＿＿＿＿＿＿＿ 金额（人民币大写）：＿＿＿＿＿＿＿＿　¥＿＿＿＿			备注：

第三联：记账联

收款人：　　　　　　收款单位（盖章）

海湛股份有限公司差旅费报销单

部门：　　　　　　　　　　　　　　年　月　日

姓名				出差事由							自　年　月　日 至　年　月　日				共　天	
起讫时间及地点						车船票		夜间乘车补助费			出差乘补费			住宿费	其他	
月	日	起	月	日	讫	类别	金额	时间	标准	金额	日数	标准	金额	金额	项目	金额
小计																
合计金额（人民币大写）：															¥	
备注：预借　　　　核销　　　　退补																

附单据　共　张

单位领导：　　　　　　财务主管：　　　　　　审核：　　　　　　填报人：

（注：飞机票、住宿费发票、公交车票、出租车发票略）

【实验要求】

1.根据上述经济业务，按照原始凭证的填制要求，填制有关原始凭证。

2.说明各项业务中会计凭证的传递顺序。

实验3-2　原始凭证的审核

【实验资料】

1.签发转账支票支付海湛市造船厂货款2 800元。

中国工商银行（粤）
转账支票存根
No. 00148444

附加信息

出票日期2015年01月10日

收款人：	海湛市造船厂
金　额：	¥2 800.00
用　途：	货款

单位主管：　　　　会计：

本支票付款期限十天

中国工商银行转账支票（粤）　　　　No. 00148444

出票日期（大写）贰零壹伍年壹月壹拾日　　　　付款行名称：工行跃进支行

收款人：海湛市造船厂　　　　出票人账号：83852658

人民币（大写）	百	十	万	千	百	十	元	角	分
贰仟捌佰元零角零分整			¥	2	8	0	0	0	0

用途：货款

上列款项请从

我账户内支付

出票人盖章　　　　海湛股份有限公司 财务专用章　　　　刘海印章

复核　　记账

2. 销售C产品一批，开出增值税专用发票。

广东增值税专用发票

4400084188　　　　此联不作报销、扣税凭证使用　　　　№00286889

校验码 74066 34835 22036 46495　　　　开票日期：2015年01月22日

购买方	名称：海湛市湛化公司 纳税人识别号：440812068717984 地址、电话：海湛市湖光路8号 开户银行及账号：海湛市商业银行68717984	密码区	-3>7—98209—8<*>9*29 <2>/81+1764/-6<91>-93 >60+4433><43<3>*61353 654---26>7/68>/7/>>*>	加密版本01 4400084188 00286889

货物或应税劳务、服务名称	规格型号	单位	数量	单价	金额	税率	税额
C产品		件	1 000	500.00	500 000.00	17%	85 000.00
合计					¥500 000.00		¥85 000.00
价税合计（大写）	⊗伍拾伍万捌仟元整						（小写）¥585 000

销售方	名称：海湛股份有限公司 纳税人识别号：440812001765425 地址、电话：海湛市寸宝路88号 0788-3533071 开户银行及账号：工行海湛市跃进支行	备注	

收款人：黄江　　复核：刘明　　开票人：钟月　　销售方：（章）

第一联：记账联　销售方记账凭证

3. 销售部杜月生参加商品展销会，经批准预借差旅费6 150元。

海湛股份有限公司借款单

日期：2015年01月11日

部门名称	销售部		借款人								
借款用途	参加展销会										
借款金额(大写)	人民币陆仟伍佰壹拾元整			十	万	千	百	十	元	角	分
					¥	6	1	5	0	0	0
批准人		会计	刘明	出纳		黄江					

第一联：记账联

【实验要求】

对以上原始凭证进行审核，指出存在的问题。

实验4 记账凭证的填制与审核

【实验目的】

通过实验，使学生了解不同经济业务应取得或填制的原始凭证，熟悉记账凭证的内容和填制方法，并在此基础上掌握记账凭证审核的内容和方法。

【实验指导】

一、记账凭证的填制

记账凭证是会计人员根据审核无误的原始凭证编制的，用来确定交易或者事项应借、应贷的会计科目和金额，作为登记账簿直接依据的会计凭证。

（一）记账凭证的基本内容

1.记账凭证的名称。

2.填制记账凭证的日期。

3.记账凭证的编号。

4.交易或者事项的内容摘要。

5.应借、应贷账户的名称、记账方向和金额，即会计分录。

6.记账标记。

7.附原始凭证张数。

8.会计主管、记账、复核、制证人员的签名或盖章，收、付款凭证还要有出纳人员的签名或盖章。

（二）记账凭证填制的要求

1.必须以审核无误的原始凭证或者汇总原始凭证填制记账凭证。

2.记账凭证的内容必须完整、正确，所有项目填列齐全，准确无误。具体包括：

（1）编制日期

一般为填制记账凭证当天的日期，如果为收、付款记账凭证，一般与货币资金收付的日期相同；如果为转账凭证，一般与填制日期相同；在月终时，有些转账业务要到下月初才能填制记账凭证，也应按本月末的日期填写。

（2）凭证编号

记账凭证无论是全部作为一类编号，还是按收、付、转编号，均应按月从“1”开始按照业务发生的顺序编号。业务量大的单位，可使用“记账凭证编号销号单”，在装订凭证时应将销号单放在记账凭证汇总表之后，使记账凭证的编号、张数一目了然，以便查考。

（3）填写摘要

摘要是用简明扼要的语言对交易或者事项所作的清楚准确的概括表述。填写的摘要要真实准确，书写整齐清洁。

（4）会计科目

要根据交易或者事项的内容，使用规范正确的会计科目。填写会计科目时，应填写会计科目的全称和子目甚至细目。不得简写或只填会计科目的编号而不填名称。

（5）金额填写

记账凭证的金额必须与原始凭证的金额相符。在记账凭证的“合计”行填列合计金额，在合计数字前应填写货币符号，不是合计数字前不应填写货币符号。一笔经济业务因涉及会计科目较多，需填写多张记账凭证的，只在最末一张记账凭证的“合计”行填写合计金额。

（6）记账标记

记账标记就是过账的标记，在根据记账凭证登记完账簿时，要在记账凭证“记账”栏，打上“√”或填上过入账户所在账簿的页数，以避免重登或漏登账簿。

（7）附件张数

除结账和更正错账的记账凭证可以不附原始凭证外，其他记账凭证必须附有原始凭证。所附原始凭证的张数一般以原始凭证的自然张数为准，凡是与记账凭证中的交易或者事项记录有关的每一张原始凭证，都应作为记账凭证的附件。如果记账凭证中附有汇总原始凭证，也应将其计入附件张数之内。但报销差旅费等的零散票据，可以粘贴在“凭证粘贴单”上，作为一张原始凭证处理，并在原始凭证粘贴单上注明所粘贴的张数和金额。一张原始凭证如果涉及几张记账凭证的，可以将该原始凭证附在一张主要的记账凭证后面，在其他没有附有原始凭证的记账凭证上注明“原始凭证附在××号记账凭证后面”。如果原始凭证需要另行保管，则应在“附单据 张”栏内加以注明。

（8）签名或盖章

记账凭证上规定有关人员的签名或盖章应全部签章齐全，以明确责任。财会人员较少的单位，在收、付款记账凭证上，至少应有两人（会计和出纳）签章。一张记账凭证涉及几个会计记账的，凡记账的会计均应在“记账”签章处签章。收、付款记账凭证还应由出纳人员签章。

（9）对空行的要求

记账凭证不准跳行或留有余行。填制完毕的记账凭证如有空行的，应在金额栏划一斜线或“S”形线注销。划线应从金额栏最后一笔金额数字下面的空行划到合计数行的上面一行，并注意斜线或“S”形线两端都不能划到有金额数字的行次上。

（10）填写要求

填制记账凭证可用蓝黑墨水或碳素墨水，金额按规定需用红字表示的，数字可用红色墨水，但不准以“负数”表示。

二、记账凭证的审核

记账凭证是根据审核无误的原始凭证填制的，是登记账簿的依据。为了保证账簿记录的质量，在登记账簿前必须认真审核记账凭证，使其正确无误。除记账凭证填制人员应对编制的记账凭证进行自审外，还应在会计部门建立必要的专人或互相审核制度。记账凭证的审核内容一般包括：

1.按原始凭证审核的要求，对所附的原始凭证进行复核。

2.审核记账凭证所附的原始凭证是否齐全，记账凭证内容是否同所附的原始凭证的内容相符。

3.审核会计分录是否正确，是否与经济内容相符；会计处理方法是否符合会计制度的规定。

4.记账凭证所需填制的项目是否完整，有关人员是否都已签字盖章。

在审核中如发现记账凭证填制错误，如未登账，必须重新填制，如已登账，则必须按照规定的错账更正方法加以更正。

实验4-1　记账凭证的填制

【实验资料】

1.2月21日，出纳员填写现金支票一张，从银行提取现金5 000元。原始凭证№001。

№001

中国工商银行（粤）
现金支票存根
NO. 01777771

附加信息

出票日期2015年02月21日

收款人：	海湛股份有限公司
金　额：	¥5 000.00
用　途：	备用金

单位主管：刘海　会计：刘明

2.2月23日，行政部员工王芳赴广州参加出口商品博览会，经批准预借差旅费4 000元。原始凭证№002。

№002

海湛股份有限公司借款单

日期：2015年02月23日

<table>
<tr><td>部门名称</td><td colspan="2">行政部</td><td>借款人</td><td colspan="8">王芳</td></tr>
<tr><td>借款用途</td><td colspan="11">参加出口商品博览会</td></tr>
<tr><td rowspan="2">借款金额(大写)</td><td colspan="3" rowspan="2">人民币肆仟元整　现金付讫</td><td>十</td><td>万</td><td>千</td><td>百</td><td>十</td><td>元</td><td>角</td><td>分</td></tr>
<tr><td></td><td>¥</td><td>4</td><td>0</td><td>0</td><td>0</td><td>0</td><td>0</td></tr>
<tr><td>批准人</td><td>刘海</td><td>会计</td><td>刘明</td><td colspan="4">出纳</td><td colspan="4">黄江</td></tr>
</table>

第一联：记账联

3. 2月25日，收到市东方公司上月所欠购货款58 500元，当日办妥进账手续。原始凭证№003。

№003

中国工商银行**进账单**（收款通知）　**3**

2015年02月25日　　　　第26号

出票人	全　　称	海湛市东方公司	收款人	全　　称	海湛股份有限公司
	账　　号	83857241		账　　号	83852658
	开户银行	工行海湛市民有支行		开户银行	工行海湛市跃进支行

金额	人民币（大写） 伍万捌仟伍佰元整	百	十	万	千	百	十	元	角	分
			¥	5	8	5	0	0	0	0

票据种类	转账支票	票据张数	壹	中国工商银行 海湛市跃进支行 2015.02.25 转讫
票据号码	1332288			
复核 周正亿　　记账 刘明				收款人开户行签章

此联是收款人开户银行交给收款人的收账通知

4. 2月27日，王芳出差回来报销差旅费。原始凭证№004（1）、（2）。

№004（1）

海湛股份有限公司收据

2015年 02月27日　　　　№000188

交款单位或交款人	王芳	收款方式	现金
事由 差旅费余款　　现金收讫 金额（人民币大写）：壹佰元整　　¥100.00			备注： 海湛股份有限公司 财务专用章

第三联：记账联

收款人：黄江　　　　收款单位（盖章）

注：（第一、第二联略）

№004 （2）

海湛股份有限公司差旅费报销单

部门：行政部　　　　2015年02月27日

姓名	王芳		出差事由			参加博览会			自2015年2月23日 至2015年2月27日					共5天		
起讫时间及地点						车船票		夜间乘车补助费			出差乘补费			住宿费	其他	
月	日	起	月	日	讫	类别	金额	时间	标准	金额	日数	标准	金额	金额	项目	金额
2	23	海湛	2	23	广州	飞机	1 000								公交	50
2	27	广州	2	27	海湛	飞机	1 000				5	50	250	1 500	打的	100
小计							2 000						250	1 500		150
合计金额（人民币大写）：叁仟玖佰元整												（小写）￥3 900.00				
备注：预借4 000.00　　核销3 900.00　　退补100.00																

附单据 共壹拾叁张

单位领导：刘海　　财务主管：蒋榕　　审核：周正亿　　填报人：王芳

注：（飞机票、住宿费发票、公交车票、出租车发票略，共13张）

【实验要求】

1.根据原始凭证填制并审核收、付、转记账凭证。

2.截至2月20日，各类记账凭证的编号分别为：现收10号，银收11号，现付8号，银付21号，转字30号，总字80号。

3.本实验需收款凭证2张，付款凭证2张，转账凭证1张。

收 款 凭 证

总字第 号

借方科目 年 月 日 字第 号

摘 要	贷方科目		金额										记账符号
	总账科目	明细科目	千	百	十	万	千	百	十	元	角	分	
附件 张	合 计												

会计主管: 记账: 审核: 出纳: 制单:

收 款 凭 证

总字第 号

借方科目 年 月 日 字第 号

摘 要	贷方科目		金额										记账符号
	总账科目	明细科目	千	百	十	万	千	百	十	元	角	分	
附件 张	合 计												

会计主管: 记账: 审核: 出纳: 制单:

付 款 凭 证

总字第 号

贷方科目 年 月 日 字第 号

摘 要	借方科目		金额										记账符号
	总账科目	明细科目	千	百	十	万	千	百	十	元	角	分	
附件 张	合 计												

会计主管: 记账: 审核: 出纳: 制单:

付 款 凭 证

总字第　号

贷方科目　　　　年　月　日　　　　字第　号

摘要	借方科目		金额										记账符号
	总账科目	明细科目	千	百	十	万	千	百	十	元	角	分	
附件　张	合计												

会计主管:　　记账:　　审核:　　出纳:　　制单:

转 账 凭 证

总字第　号

年　月　日　　　　字第　号

摘要	总账科目	明细科目	借方金额									贷方金额									记账符号
			百	十	万	千	百	十	元	角	分	百	十	万	千	百	十	元	角	分	
附件　张	合计																				

会计主管:　　记账:　　审核:　　制单:

实验4-2　记账凭证的审核

【实验资料】

海湛股份有限公司对2015年4月份的记账凭证进行审核后发现下列业务记账凭证有误：

1.4月1日，出纳员填写现金支票一张，从银行提取现金3 600元。

中国工商银行（粤）
现金支票存根
NO. 01888654

附加信息

出票日期2015年04月01日

收款人：	海湛股份有限公司
金　额：	￥3 600.00
用　途：	备用金

单位主管：刘海　会计：刘明

收　款　凭　证

总字第1号

借方科目　库存现金　　2015年04月01日　　现收字第1号

摘　　要	贷方科目		金额										记账符号
	总账科目	明细科目	千	百	十	万	千	百	十	元	角	分	
提取现金	银行存款						3	6	0	0	0	0	
附件1张	合　　计						3	6	0	0	0	0	

会计主管：　　记账：　　审核：　　出纳：　　制单：

2.4月11日，购入不需安装的数控机床2台，价款400 000元，增值税税额68 000元。

广东增值税专用发票

4400084189　　　　抵　扣　联　　　　№00188999

校验码 88068 54833 92036 16495　　　　开票日期：2015年04月11日

购买方	名　　称：海湛股份有限公司 纳税人识别号：440812001765425 地 址、电 话：海湛市寸宝路88号　0788-3533071 开户银行及账号：工行海湛市跃进支行83852658				密码区	-9>8—98209—8<*>9*28 <2>/81+1764/-6<91>-93 >60+4433><43<3>*61353 654---26>7/68>/7/>>*>	加密版本01 4400084189 00188999
货物或应税劳务、服务名称	规格型号	单位	数量	单价	金额	税率	税额
数控机床	Sk-88	台	2	200 000	400 000.00	17%	68 000.00
合　计					¥400 000.00		¥68 000.00
价税合计（大写）	⊗肆拾陆万捌仟元整					（小写）	¥468 000.00
销售方	名　　称：海湛市机电公司 纳税人识别号：440812012309899 地 址、电 话：海湛市霞海路28号　0788-3866066 开户银行及账号：工行海湛市霞海支行90289488				备注	海湛市机电公司 440812012309899 发票专用章	

收款人：王江　　复核：刘天一　　开票人：王月明　　销售方：（章）

第二联：抵扣联　购买方扣税凭证

广东增值税专用发票

4400084189　　　　发　票　联　　　　№00188999

校验码 88068 54833 92036 16495　　　　开票日期：2015年04月11日

购买方	名　　称：海湛股份有限公司 纳税人识别号：440812001765425 地 址、电 话：海湛市寸宝路88号　0788-3533071 开户银行及账号：工行海湛市跃进支行83852658				密码区	-9>8—98209—8<*>9*28 <2>/81+1764/-6<91>-93 >60+4433><43<3>*61353 654---26>7/68>/7/>>*>	加密版本01 4400084189 00188999
货物或应税劳务、服务名称	规格型号	单位	数量	单价	金额	税率	税额
数控机床	Sk-88	台	2	200 000	400 000.00	17%	68 000.00
合　计					¥400 000.00		¥68 000.00
价税合计（大写）	⊗肆拾陆万捌仟元整					（小写）	¥468 000.00
销售方	名　　称：海湛市机电公司 纳税人识别号：440812012309899 地 址、电 话：海湛市霞海路28号　0788-3866066 开户银行及账号：工行海湛市霞海支行90289488				备注	海湛市机电公司 440812012309899 发票专用章	

收款人：王江　　复核：刘天一　　开票人：王月明　　销售方：（章）

第三联：发票联　购买方记账凭证

中国工商银行（粤）

转账支票存根

NO.22670001

附加信息

出票日期2015年04月11日

收款人：	海湛市机电公司
金　额：	￥468 000.00
用　途：	购机床

单位主管：刘海　会计：刘明

类型：机器设备

海湛股份有限公司固定资产入库单

编号：090321

发票：00188999

2015年04月11日

来源：海湛市机电公司

名称	规格	单位	数量		实际成本			备注
			应收	实收	单价	运杂费	小计	
数控机床	Sk-88	台	2	2	200 000.00		400 000.00	
合　计							￥400 000.00	

供销主管：李　庆　　采购：李云飞　　验收保管：韩　雪

付　款　凭　证

总字第33号

贷方科目　银行存款　　2015年04月11日　　银付字第10号

摘　　要	借方科目		金额										记账符号
	总账科目	明细科目	千	百	十	万	千	百	十	元	角	分	
购买机床	固定资产	机器设备			4	0	0	0	0	0	0	0	
附件3张	合　　计				4	0	0	0	0	0	0	0	

会计主管：　　记账：　　审核：　　出纳：　　制单：

3.4月30日，计提本月固定资产折旧费用。

海湛股份有限公司固定资产折旧计算表

2015年04月30日　　　　单位：元

使用部门	上月固定资产计提折旧额	上月增加的固定资产应计提折旧额	上月减少的固定资产应计提折旧额	本月应计提的折旧额	备注
生产车间	11 706.00	294.00		12 000.00	
厂　部	3 750.00			3 750.00	
合　计	15 456.00	294.00		15 750.00	

会计主管：蒋　榕　　　　审核：周正亿　　　　制表：张金锭

转 账 凭 证

总字第150号

2015年04月30日

转字30号

摘　要	总账科目	明细科目	借方金额								贷方金额								记账符号
			十	万	千	百	十	元	角	分	十	万	千	百	十	元	角	分	
计提折旧	生产成本			1	2	0	0	0	0	0									
	管理费用	折旧费			3	7	5	0	0	0									
	累计折旧											1	5	7	5	0	0	0	
附件1张	合　计		¥	1	5	7	5	0	0	0	¥	1	5	7	5	0	0	0	

会计主管：　　　　记账：　　　　审核：　　　　制单：

【实验要求】

1.对上述记账凭证进行审核，指出其中的问题。

2.注意审核原始凭证与记账凭证是否相符，项目填写是否齐全，会计科目名称、方向、金额是否正确，签章是否齐全。

第四章　登记账簿与资产清查

实验5　日记账的登记

【实验目的】

通过实验使学生掌握三栏式库存现金日记账和银行存款日记账的登记方法。

【实验指导】

一、库存现金日记账的登记

（一）库存现金日记账的内涵

库存现金日记账是由出纳人员根据审核无误的现金收款、付款凭证或银行存款付款凭证（从银行提取现金编制的凭证），按交易或者事项发生的先后顺序，逐日逐笔登记库存现金的收入、付出及结存情况的账簿。其格式一般为三栏式。

（二）库存现金日记账的登记方法

1.日期栏：指记账凭证的日期，应与现金实际收付日期一致。

2.凭证栏：指登记入账的收、付款凭证的种类和编号,以便查账和核对。

3.摘要栏：摘要说明登记入账的交易或者事项的内容。

4.对方科目栏：指现金收入的来源科目或支出的用途科目，以便了解交易或者事项的来龙去脉。

5.借方、贷方（或收入、支出）栏：指现金实际收付的金额。

6.余额栏：每日终了，根据“上日余额+本日收入-本日支出=本日余额”的公式，逐日结出现金余额，与库存现金实存数核对，以检查每日现金收付是否有误。

二、银行存款日记账的登记

（一）银行存款日记账的内涵

银行存款日记账是由出纳人员根据银行存款收款凭证、银行存款付款凭证或库存现金付款凭证按交易或者事项发生时间的先后顺序，逐日逐笔进行登记的账簿。银行存款日记账应按企业在银行开立的账户和币种分别设置，每个银行账户设置一本日记账。其格式一般为三栏式。

（二）银行存款日记账的登记方法

1.日期栏：指记账凭证的日期，应与银行存款实际收付日期一致。

2.凭证栏：指登记入账的收、付款凭证的种类和编号，以便查账和核对。

3.摘要栏：摘要说明登记入账的交易或者事项的内容。

4.结算凭证种类、号数栏：由于银行存款的收付都是根据特定的结算凭证进行的，为了反映结算凭证的种类、号数，特设有“结算凭证——种类、号数”栏。在实务中，结算凭证栏可以按照实际情况填列“现支”、“转支”、“电汇”、“信汇”等。

5.对方科目栏：指银行存款的来源科目或支出的用途科目，以便了解交易或者事项的来龙去脉。

6.借方、贷方（或收入、支出）栏：指银行存款实际收付的金额。

7.余额栏：每日终了，应根据“上日余额+本日收入-本日支出=本日余额”的公式，逐日结出银行存款余额，以避免出现透支现象，也便于定期同银行对账单核对。

【实验资料】

1.海湛股份有限公司2015年2月1日—20日的库存现金日记账、银行存款日记账本期发生额及期末余额见下表。

库存现金日记账

第3页

2015年		凭证编号	摘要	对方科目	借方										贷方										借或贷	余额									
月	日				千	百	十	万	千	百	十	元	角	分	千	百	十	万	千	百	十	元	角	分		千	百	十	万	千	百	十	元	角	分
2	20		承前页						7	2	0	0	0	0				1	1	4	0	0	0	0	借					4	5	0	0	0	0

银行存款日记账

第5页

2015年		凭证号数	摘要	对方科目	结算凭证		借方										贷方										借或贷	余额									
月	日				种类	号数	千	百	十	万	千	百	十	元	角	分	千	百	十	万	千	百	十	元	角	分		千	百	十	万	千	百	十	元	角	分
2	20		承前页					1	4	5	3	9	4	0	0	0			9	2	2	5	0	0	0	0	借		2	6	2	1	3	6	0	0	0

2.2月21日—28日发生的有关经济业务及原始凭证见实验4。

【实验要求】

根据实验4中2月21日—28日的收、付款凭证，逐日逐笔登记库存现金日记账和银行存款日记账，并进行日结和月结。

实验6　存货明细账的登记

【实验目的】

通过实验，使学生掌握永续盘存制下存货明细账的登记方法，明确总分类账户与其所属明细分类账户的关系。

【实验指导】

原材料、库存商品等存货明细分类账的格式一般采用数量金额式。数量金额式明细分类账的基本结构为收入（借方）、发出（贷方）、结存（余额）三栏，每一栏再分设数量、单价、金额三小栏。这种明细分类账适用于既要进行金额核算，又要进行实物数量核算的各种实物资产账户。

【实验资料】

海湛股份有限公司对材料采用永续盘存制，按实际成本计价。材料按品种设置明细账。

1.2015年4月1日“原材料”总分类账户和明细分类账户期初余额情况如下表（假设该企业4月初库存只有两种材料）。

“原材料”明细分类账户期初余额表

2015年04月01日

材料名称	计量单位	规格	数量（千克）	单价（元/千克）	金额（元）
甲材料	千克	#ABC	400	50.00	20 000.00
乙材料	千克	#BCD	300	40.00	12 000.00
合　计					32 000.00

2.2015年4月份原材料收发情况的原始凭证如下：

（1）4月5日，从海湛市光大公司购进甲材料25千克，单价50元，乙材料50千克，单价40元，货款已付，材料已经验收入库。

中国工商银行（粤）

转账支票存根

NO. 226655555

附加信息

出票日期2015年04月05日

收款人：	海湛市光大公司
金　额：	¥3 802.50
用　途：	购原材料

单位主管：刘海　会计：刘明

广东增值税专用发票

抵扣联

4400084179 №02245555

校验码 88068 54833 92036 16495 开票日期：2015年04月05日

购买方	名　　　称：海湛股份有限公司 纳税人识别号：440812001765425 地　址、电　话：海湛市寸宝路88号　0788-3533071 开户银行及账号：工行海湛市跃进支行 83852658	密码区	+6>1—98209—8<*>9*28　加密版本01 <2>/81+1764/-6<91>-93　4400084179 >60+4433><43<3>*61334　02245555 654---26>7/68>/7/>>*>

货物或应税劳务、服务名称	规格型号	单位	数量	单价	金额	税率	税额
甲材料	#ABC	千克	25	50.00	1 250.00	17%	212.50
乙材料	#BCD	千克	50	40.00	2 000.00	17%	340.00
合　计					￥3 250.00		￥552.50
价税合计（大写）	⊗叁仟捌佰零贰元伍角整						（小写）￥3 802.50

销售方	名　　　称：海湛市光大公司 纳税人识别号：440812012611555 地　址、电　话：海湛市霞赤路555号　0788-2996791 开户银行及账号：工行海湛市霞赤支行 83857555	备注	海湛市光大公司 440812012611555 发票专用章

收款人：黄一江　　复核：刘小明　　开票人：钟小月　　销售方：（章）

第二联：抵扣联　购买方扣税凭证

广东增值税专用发票

发票联

4400084179 №02245555

校验码 88068 54833 92036 16495 开票日期：2015年04月05日

购买方	名　　　称：海湛股份有限公司 纳税人识别号：440812001765425 地　址、电　话：海湛市寸宝路88号　0788-3533071 开户银行及账号：工行海湛市跃进支行 83852658	密码区	+6>1—98209—8<*>9*28　加密版本01 <2>/81+1764/-6<91>-93　4400084179 >60+4433><43<3>*61334　02245555 654---26>7/68>/7/>>*>

货物或应税劳务、服务名称	规格型号	单位	数量	单价	金额	税率	税额
甲材料	#ABC	千克	25	50.00	1 250.00	17%	212.50
乙材料	#BCD	千克	50	40.00	2 000.00	17%	340.00
合　计					￥3 250.00		￥552.50
价税合计（大写）	⊗叁仟捌佰零贰元伍角整						（小写）￥3 802.50

销售方	名　　　称：海湛市光大公司 纳税人识别号：440812012611555 地　址、电　话：海湛市霞赤路555号　0788-2996791 开户银行及账号：工行海湛市霞赤支行 83857555	备注	海湛市光大公司 440812012611555 发票专用章

收款人：黄一江　　复核：刘小明　　开票人：钟小月　　销售方：（章）

第三联：发票联　购买方记账凭证

供货单位：光大公司　　　　**海湛股份有限公司收料单**　　　　材料类别：原材料

发票号码：02245555　　　　2015年04月05日　　　　材料仓库：2

材料编号	材料名称（规格）	单位	数量		实际成本											
			应收	实收	单价	发票价格	运杂费	金额								
								百	十	万	千	百	十	元	角	分
	甲材料	千克	25	25	50.00	1 250.00					1	2	5	0	0	0
	乙材料	千克	50	50	40.00	2 000.00					2	0	0	0	0	0
合　计										¥	3	2	5	0	0	0
备注																

第二联：记账联

记账：张金锭　　主管：王月　　验收：吴明君　　采购：李云飞

（2）4月10日，生产A产品领用甲材料60千克，单价50元，生产B产品领用乙材料40千克，单价40元。

海湛股份有限公司领料单

领用单位：生产车间　　　　2015年04月10日　　　　2号仓库　　编号：063

用途	生产A产品			产品批量			订单号	
材料类别	材料编号	材料名称	规格	计量单位	数量		单价	金额
					请领	实发		
		甲材料	#ABC	千克	60	60	50.00	3 000.00
合　计								¥3 000.00
备注								

第二联：记账联

记账：张金锭　　主管：王月　　发料：吴明君　　领料：张君伟

海湛股份有限公司领料单

领用单位：生产车间　　　　2015年04月10日　　　　2号仓库　　编号：064

用途	生产B产品			产品批量			订单号	
材料类别	材料编号	材料名称	规格	计量单位	数量		单价	金额
					请领	实发		
		乙材料	#BCD	千克	40	40	40.00	1 600.00
合　计								¥1 600.00
备注								

第二联：记账联

记账：张金锭　　主管：王月　　发料：吴明君　　领料：张君伟

（3）4月15日，从海湛市日红公司购进甲材料100千克，单价50元，货款已用银行存款支付，材料已经验收入库。

全国统一发票监制章 国家税务总局监制

广东增值税专用发票

4400077188　　　　抵　扣　联　　　　№02245588

校验码 33068 94833 02036 66495　　　　开票日期：2015年04月15日

购买方	名　　称：海湛股份有限公司 纳税人识别号：440812001765425 地址、电话：海湛市寸宝路88号 0788-3533071 开户银行及账号：工行海湛市跃进支行 83852658	密码区	+6>1—98209—8<*>9*28　加密版本01 <2>/81+1764/-6<91>-93　4400077188 >60+4433><43<3>*61334　02245588 654---26>7/68>/7/>>*>

货物或应税劳务、服务名称	规格型号	单位	数量	单价	金额	税率	税额
甲材料	#ABC	千克	100	50	5 000.00	17%	850.00
合　计					￥5 000.00		￥850.00
价税合计（大写）	⊗伍仟捌佰伍拾元整						（小写）￥5 850.00

销售方	名　　称：海湛市日红公司 纳税人识别号：440812012611588 地址、电话：海湛市日红路588号 0788-3966789 开户银行及账号：工行海湛市霞赤支行 83857588	备注	海湛市日红公司 440812012611588 发票专用章

收款人：黄尔江　　复核：刘尔明　　开票人：钟尔月　　销售方：（章）

第二联：抵扣联　购买方扣税凭证

全国统一发票监制章 国家税务总局监制

广东增值税专用发票

4400077188　　　　发　票　联　　　　№02245588

校验码 33068 94833 02036 66495　　　　开票日期：2015年04月15日

购买方	名　　称：海湛股份有限公司 纳税人识别号：440812001765425 地址、电话：海湛市寸宝路88号 0788-3533071 开户银行及账号：工行海湛市跃进支行 83852658	密码区	+6>1—98209—8<*>9*28　加密版本01 <2>/81+1764/-6<91>-93　4400077188 >60+4433><43<3>*61334　02245588 654---26>7/68>/7/>>*>

货物或应税劳务、服务名称	规格型号	单位	数量	单价	金额	税率	税额
甲材料	#ABC	千克	100	50	5 000.00	17%	850.00
合　计					￥5 000.00		￥850.00
价税合计（大写）	⊗伍仟捌佰伍拾元整						（小写）￥5 850.00

销售方	名　　称：海湛市日红公司 纳税人识别号：440812012611588 地址、电话：海湛市日红路588号 0788-3966789 开户银行及账号：工行海湛市霞赤支行 83857588	备注	海湛市日红公司 440812012611588 发票专用章

收款人：黄尔江　　复核：刘尔明　　开票人：钟尔月　　销售方：（章）

第三联：发票联　购买方记账凭证

中国工商银行（粤）
转账支票存根
NO. 226655588

附加信息

出票日期2015年04月15日

收款人：	海湛市日红公司
金　额：	¥5 850.00
用　途：	购原材料

单位主管：刘海　会计：刘明

供货单位：光大公司　　**海湛股份有限公司收料单**　　材料类别：原材料

发票号码：02245588　　2015年04月15日　　材料仓库：2

材料编号	材料名称（规格）	单位	数量		实际成本			金额								
			应收	实收	单价	发票价格	运杂费	百	十	万	千	百	十	元	角	分
	甲材料	千克	100	100	50.00	5 000.00					5	0	0	0	0	0
合　计										¥	5	0	0	0	0	0
备注																

第二联：记账联

记账：张金锭　　主管：王月　　验收：吴明君　　采购：李云飞

（4）4月25日，由光大公司购入乙材料100千克，单价为40元，材料已验收入库，货款尚未支付。

供货单位：光大公司　　**海湛股份有限公司收料单**　　材料类别：原材料

发票号码：02245599　　2015年04月25日　　材料仓库：2

材料编号	材料名称（规格）	单位	数量		实际成本			金额								
			应收	实收	单价	发票价格	运杂费	百	十	万	千	百	十	元	角	分
	乙材料	千克	100	100	40.00	4 000.00					4	0	0	0	0	0
合　计										¥	4	0	0	0	0	0
备注																

第二联：记账联

记账：张金锭　　主管：王月　　验收：吴明君　　采购：李云飞

全国统一发票监制章 广东 国家税务总局监制

广东增值税专用发票

抵 扣 联

4400084100　　　　№02245599

校验码 22068 00833 32036 55649　　　　开票日期：2015年04月25日

购买方	名　　称：海湛股份有限公司 纳税人识别号：440812001765425 地 址、电 话：海湛市寸宝路88号 0788-3533071 开户银行及账号：工行海湛市跃进支行 83852658				密码区	+6>1—98209—8<*>9*28 <2>/81+1764/-6<91>-93 >60+4433><43<3>*61334 654---26>7/68>/7/>>*>	加密版本01 4400084100 02245599
货物或应税劳务、服务名称	规格型号	单位	数量	单价	金额	税率	税额
乙材料	#BCD	千克	100	40.00	4 000.00	17%	680.00
合　计					¥4 000.00		¥680.00
价税合计（大写）	⊗肆仟陆佰捌拾元整					（小写）¥4 680.00	
销售方	名　　称：海湛市光大公司 纳税人识别号：440812012611555 地 址、电 话：海湛市霞赤路555号 0788-2996791 开户银行及账号：工行海湛市霞赤支行 83857555				备注	海湛市光大公司 440812012611555 发票专用章	

收款人：黄一江　　复核：刘小明　　开票人：钟小月　　销售方：（章）

第二联：抵扣联　购买方扣税凭证

全国统一发票监制章 广东 国家税务总局监制

广东增值税专用发票

发 票 联

4400084100　　　　№02245599

校验码 22068 00833 32036 55649　　　　开票日期：2015年04月25日

购买方	名　　称：海湛股份有限公司 纳税人识别号：440812001765425 地 址、电 话：海湛市寸宝路88号 0788-3533071 开户银行及账号：工行海湛市跃进支行 83852658				密码区	+6>1—98209—8<*>9*28 <2>/81+1764/-6<91>-93 >60+4433><43<3>*61334 654---26>7/68>/7/>>*>	加密版本01 4400084100 02245599
货物或应税劳务、服务名称	规格型号	单位	数量	单价	金额	税率	税额
乙材料	#BCD	千克	100	40.00	4 000.00	17%	680.00
合　计					¥4 000.00		¥680.00
价税合计（大写）	⊗肆仟陆佰捌拾元整					（小写）¥4 680.00	
销售方	名　　称：海湛市光大公司 纳税人识别号：440812012611555 地 址、电 话：海湛市霞赤路555号 0788-2996791 开户银行及账号：工行海湛市霞赤支行 83857555				备注	海湛市光大公司 440812012611555 发票专用章	

收款人：黄一江　　复核：刘小明　　开票人：钟小月　　销售方：（章）

第三联：发票联　购买方记账凭证

【实验要求】

1.根据实验资料开设原材料总分类账及其所属明细分类账，并登记期初余额。

2.根据有关原始凭证分别编制记账凭证。

3.根据记账凭证及收发料原始凭证逐笔登记“原材料”总分类账户及所属明细分类账户，并进行期末结账。

4.编制“原材料”总账和所属明细账发生额及余额表，检查“原材料”总分类账户与所属明细分类账户是否相符。

5.本实验需付款凭证2张，转账凭证2张，三栏式总账账页1张，数量金额式账页3张。

付 款 凭 证

总字第　号

贷方科目　　年　月　日　　字第　号

摘　要	借方科目		金　额										记账符号
	总账科目	明细科目	千	百	十	万	千	百	十	元	角	分	
附件　张	合　计												

会计主管：　记账：　审核：　出纳：　制单：

付 款 凭 证

总字第　号

贷方科目　　年　月　日　　字第　号

摘　要	借方科目		金　额										记账符号
	总账科目	明细科目	千	百	十	万	千	百	十	元	角	分	
附件　张	合　计												

会计主管：　记账：　审核：　出纳：　制单：

转 账 凭 证

总字第　号

年　月　日　　　　字第　号

摘 要	总账科目	明细科目	借方金额									贷方金额									记账符号
			百	十	万	千	百	十	元	角	分	百	十	万	千	百	十	元	角	分	
附件 张	合 计																				

会计主管：　　　　记账：　　　　审核：　　　　制单：

转 账 凭 证

总字第　号

年　月　日　　　　字第　号

摘 要	总账科目	明细科目	借方金额									贷方金额									记账符号
			百	十	万	千	百	十	元	角	分	百	十	万	千	百	十	元	角	分	
附件 张	合 计																				

会计主管：　　　　记账：　　　　审核：　　　　制单：

总分类账

科目名称：

年		凭证编号	摘要	借方								贷方								借或贷	余额							
月	日			十	万	千	百	十	元	角	分	十	万	千	百	十	元	角	分		十	万	千	百	十	元	角	分

原材料明细分类账

类别：　　　　　　　规格：　　　　　　　计划单价：　　　　　　　计量单位：千克/元

年		凭证编号	摘要	收入									发出									结存								
月	日			数量	单价	金额							数量	单价	金额							数量	单价	金额						
						万	千	百	十	元	角	分			万	千	百	十	元	角	分			万	千	百	十	元	角	分

原材料明细分类账

类别：　　　　　　　　规格：　　　　　　　　计划单价：　　　　　　　　计量单位：千克/元

年		凭证编号	摘要	收入									发出									结存								
月	日			数量	单价	金额							数量	单价	金额							数量	单价	金额						
						万	千	百	十	元	角	分			万	千	百	十	元	角	分			万	千	百	十	元	角	分

原材料总分类账和所属明细分类账发生额及余额表

年　月　日

明细账户名称	计量单位	单价	期初余额		本期发生额				期末余额	
			数量	金额	收入		发出		数量	金额
					数量	金额	数量	金额		
合计										

实验7　错账更正

【实验目的】

通过实验，使学生熟练掌握错账的更正方法。

【实验指导】

一、错账更正方法及其更正步骤

（一）划线更正法

划线更正法适用于编制的记账凭证没有错误，而是在登记账簿时发生错误，导致账簿记录的错误。

具体更正步骤如下：

1.在错误的文字或数字上划一条红线。

2.在红线上填写正确的文字或数字并在更正处签章。

注意：划线时，错误的数字必须全部划红线，错误的文字可以只用红线划去错误部分。

（二）红字更正法

红字更正法适用于：第一，编制的记账凭证中会计科目错误或者借贷方向错误而导致账簿记录的错误。第二，编制的记账凭证中会计科目和借贷方向没有错误，但所记金额大于应记的金额，从而导致账簿记录的错误。

1.第一种情况的具体更正步骤如下：

（1）填制一张红字金额的记账凭证，其中：填制日期，填写错账的更正日期；摘要栏，注明“注销×月×日×号凭证”字样；会计科目及金额，与原错填记账凭证相同；编号，接更正日已填记账凭证的序号连续编写；附件张数，不必填写。

（2）用蓝字填制一张正确的记账凭证，其中：填制日期，填写错账的更正日期；摘要栏，注明“订正×月×日×号凭证”字样；编号，接上述红字金额的记账凭证序号连续编写；附件张数，不必填写。

（3）将上述两张记账凭证交给审核人员审核签章后，按编号顺序登记入账，并结算账户余额，其中对于红字金额，应以红字登记。

2.第二种情况的具体更正步骤如下：

（1）计算多记的金额，并将多记的金额用红字填制一张记账凭证，其中：填制日期，填写错账的更正日期；摘要栏，注明“冲销×月×日×号凭证多记金额”字样；会计科目，与原错填记账凭证上的会计科目相同；编号，接更正日已填记账凭证（包括更正错账的记账凭证）的序号连续编写；附件张数，不必填写。

（2）将所填记账凭证交给审核人员审核盖章后，以红字金额登记入账，并用蓝字结算余额。

（三）补充登记法

补充登记法适用于编制的记账凭证中的会计科目和方向没有错误，所填金额小于应记金额，导致账簿记录错误。

具体更正步骤如下：

1.计算少记的金额，并将少记的金额用蓝字填制一张记账凭证，其中：填制日期，填写错账的更正日期；摘要栏，注明“补记×月×日×号凭证少记金额”字样；会计科目，与原错填记账凭证上的会计科目相同；编号，接更正日已填记账凭证的序号编写；附件张数，不必填写。

2.将所填记账凭证经审核人员审核签章后，以蓝字登记入账，结算账户余额。

二、错账更正方法直观判断表

	记账凭证		账簿	更正方法	更正步骤
	借贷方向和会计科目	金额			
1	正确	正确	错误	划线更正法	2步（①划红线；②蓝字更正并签章）
2	任何一项错误	无论金额正确与否	错误	红字更正法	2步（①红字凭证冲销；②蓝字凭证更正）
3	正确	多记	错误	红字更正法	1步（红字凭证冲销多记金额）
4	正确	少记	错误	补充登记法	1步（蓝字凭证补记少记金额）

注：表中蓝字指正常记账墨水。

【实验资料】

海湛股份有限公司2015年5月份月末对账时发现该月份有4笔经济业务出现错账。有关凭证及账簿记录具体情况如下：

1. 支付5月份车间办公用品费。

付款凭证

贷方科目：银行存款　　2015年05月13日　　银付字第18号

摘要	借方科目		金额									记账符号
	总账科目	明细科目	百	十	万	千	百	十	元	角	分	
支付车间办公费	管理费用	办公费				3	6	0	0	0	0	√
合计金额					¥	3	6	0	0	0	0	√

附件2张

会计主管：蒋榕　记账：刘明　审核：周正亿　出纳：黄江　制单：刘明

广东省海湛市国家税务局通用机打发票

发　票　联

广东省海湛市 国家税务局监制

发票代码：144081420300

发票号码：00013851

开票日期：2015年05月13日　　行业分类：商业　　00013851

顾客名称：海湛股份有限公司　　9566 5042 6897 7183

地址：海湛市寸宝路88号　　5104 5011 2913 0424 4297

1574 2542 5127 0211 5024

加密版本：01　20150119

项　目	单位	数量	单价	金额
纸夹	个	900	7.00	6 300.00

合计金额大写（人民币）：⊗陆仟叁佰元整　　合计金额小写：¥6 300.00

备注：00568/91/0602

开票人：李丽　收款人：王家华　开票单位（盖章）：海湛市商业广场　　电脑开具　手写无效

海湛市商业广场 440811012777777 发票专用章

第二联：发票联（购货单位付款凭证）（手写无效）

（本发票开票合计金额超过拾万元无效）

中国工商银行（粤）
转账支票存根
NO. 33665876

附加信息

出票日期2015年05月13日

收款人：海湛市商业广场	
金　额：¥6 300.00	
用　途：购办公用品	

单位主管：刘海　会计：刘明

2. 现金支付业务招待费。

付款凭证

贷方科目：库存现金　　2015年05月18日　　现付字第25号

摘　要	借方科目		金　额									记账
	总账科目	明细科目	百	十	万	千	百	十	元	角	分	
支付业务招待费	管理费用	招待费					5	1	5	0	0	√
合计金额						¥	5	1	5	0	0	√

附件1张

会计主管：蒋榕　记账：刘明　审核：周正亿　出纳：黄江　制单：刘明

广东省地方税收通用发票（电子）　电子发票　手写无效

发　票　联

开票日期2015-05-18　　　　　　　　　　　　　　发票代码：244081407030
20：20：15　　行业分类：餐饮业　　　　　　　　发票号码：01977523

付款方名称（单位）：海湛股份有限公司
付款方识别号：
收款方名称：海湛市金海岸西餐厅
收款方识别号：440811012668891111111
主管税务机关：海湛市赤坎区地方税务局　　防伪码：12356988974612365578941

序号	开票项目说明	金额
1	餐费	551.00

合计（大写）：人民币伍佰伍拾壹元整　　合计（小写）：¥551.00
附注：
开票单位盖章：　　开票人：刘一明

NO：1403001-05109808

发票联　付款方付款凭证

3.开出转账支票支付审计费。

付款凭证

贷方科目：银行存款　　　　2015年05月27日　　　　银付字第19号

摘要	借方科目		金额									记账符号
	总账科目	明细科目	百	十	万	千	百	十	元	角	分	
支付审计费	管理费用	审计费				8	6	4	0	0	0	√
合计金额					¥	8	6	4	0	0	0	√

附件2张

会计主管：蒋榕　　记账：刘明　　审核：周正亿　　出纳：黄江　　制单：刘明

广东增值税普通发票

全国统一发票监制　广东　国家税务总局监制

4400084310　　　　发票联　　　　№00326588

校验码 32068 30833 22036 95649　　　　开票日期：2015年05月27日

购买方	名称：海湛股份有限公司 纳税人识别号：440812001765425 地址、电话：海湛市寸宝路88号 0788-3533071 开户银行及账号：工行海湛市跃进支行83852658	密码区	-9>1—98209—8<*>9*28 <0>/81+1764/-6<91>-93 >90+4433><43<3>*61334 954---26>7/68>/7/>>*>	加密版本01 4400084310 00326588

货物或应税劳务、服务名称	规格型号	单位	数量	单价	金额	税率	税额
审计费					7 981.13	6%	478.87
合计					¥7 981.13		¥478.87
价税合计（大写）	⊗捌仟肆佰陆拾元整				（小写）¥8 460.00		

销售方	名称：海湛市中正会计师事务所 纳税人识别号：440811012611119 地址、电话：海湛市国贸广场7楼8号 0788-3896791 开户银行及账号：工行海湛市国贸支行3857198	备注	海湛市中正会计师事务所 440811012611119 发票专用章

收款人：王尚　　复核：刘小明　　开票人：李忠　　销售方：（章）

第三联：发票联　购买方记账凭证

中国工商银行（粤）

转账支票存根

NO. 33665888

附加信息

出票日期2015年05月27日

收款人：	海湛市中正会计师事务所
金额：	¥8 460.00
用途：	审计费

单位主管：刘海　　会计：刘明

4.现金支付行政管理部门办公用品费。

付款凭证

贷方科目：库存现金　　　　2015年05月31日　　　　现付字第28号

摘要	借方科目		金额									记账符号
	总账科目	明细科目	百	十	万	千	百	十	元	角	分	
支付办公用品费	管理费用	办公费					6	3	0	0	0	√
合计金额						¥	6	3	0	0	0	√

附件1张

会计主管：蒋榕　记账：刘明　审核：周正亿　出纳：黄江　制单：刘明

广东省海湛市国家税务局通用机打发票

发票联

全国统一发票监制章 广东海湛市 国家税务局监制

发票代码：144081420300

发票号码：00016855

开票日期：2015年05月31日　　行业分类：商业　　00016855

顾客名称：海湛股份有限公司

地址：

8866 5042 6897 7183

9604 8011 6913 5424 4297

2374 7542 3127 0211 1024

加密版本：01　20150119

项目	单位	数量	单价	金额
打印纸	包	30	21.00	630.00

合计金额大写（人民币）：⊗陆佰叁拾元整　　合计金额小写：¥630.00

备注：00569/81/0601

开票人：李一忠　收款人：王萍　开票单位（盖章）：海湛市明华广场有限公司　电脑开具　手写无效

海湛市明华广场有限公司 440811012611000 发票专用章

(本发票开票合计金额超过拾万元无效)

第二联：发票联(购货单位付款凭证)(手写无效)

总分类账

账户名称：库存现金

2015年		凭证编号	摘要	借方										贷方										借或贷	余额									
月	日			千	百	十	万	千	百	十	元	角	分	千	百	十	万	千	百	十	元	角	分		千	百	十	万	千	百	十	元	角	分
5	27		承前页					9	0	0	0	0	0					8	2	0	0	0	0	借					4	0	0	0	0	0
	31	现付28	支付办公费																3	6	0	0	0	借					3	6	4	0	0	0

总分类账

账户名称：银行存款

2015年 月	日	凭证编号	摘要	借方（千百十万千百十元角分）	贷方（千百十万千百十元角分）	借或贷	余额（千百十万千百十元角分）
5	26		承前页	95065000	2265000	借	86864000
	27	银付19	支付审计费		864000	借	86000000

总分类账

账户名称：管理费用

2015年 月	日	凭证编号	摘要	借方（千百十万千百十元角分）	贷方（千百十万千百十元角分）	借或贷	余额（千百十万千百十元角分）
5	1		期初余额			借	69834000
	5	转3	报销差旅费	320000		借	70154000
	7	银付6	支付电话费	240000		借	70394000
	11	银付12	支付水电费	750000		借	71114000
	13	银付18	支付车间办公费	360000		借	71504000
	18	现付25	支付业务招待费	51500		借	71555500
	22	现付26	支付总部办公费	900000		借	72455500
	25	转12	支付总部人员工资	880000		借	73335500
	27	银付19	支付审计费	864000		借	74199500
	31	现付28	支付办公费	36000		借	74235500

总分类账

账户名称：制造费用

2015年		凭证编号	摘要	借方										贷方										借或贷	余额									
月	日			千	百	十	万	千	百	十	元	角	分	千	百	十	万	千	百	十	元	角	分		千	百	十	万	千	百	十	元	角	分
5	31		承前页			2	0	0	0	0	0	0	0											借			2	0	0	0	0	0	0	0

【实验要求】

1.月末，审核记账凭证，进行账证核对，检查账簿记录是否正确。

2.更正错账。

付 款 凭 证

总字第　号

贷方科目　　　　年　月　日　　　　字第　号

摘要	借方科目		金额										记账符号
	总账科目	明细科目	千	百	十	万	千	百	十	元	角	分	
附件　张	合　计												

会计主管：　　记账：　　审核：　　出纳：　　制单：

付 款 凭 证

总字第　号

贷方科目　　　　年　月　日　　　　字第　号

摘　要	借方科目		金　额										记账符号
	总账科目	明细科目	千	百	十	万	千	百	十	元	角	分	
附件　张	合　计												

会计主管：　　　记账：　　　审核：　　　出纳：　　　制单：

付 款 凭 证

总字第　号

贷方科目　　　　年　月　日　　　　字第　号

摘　要	借方科目		金　额										记账符号
	总账科目	明细科目	千	百	十	万	千	百	十	元	角	分	
附件　张	合　计												

会计主管：　　　记账：　　　审核：　　　出纳：　　　制单：

付 款 凭 证

总字第　号

贷方科目　　　　年　月　日　　　　字第　号

摘　要	借方科目		金　额										记账符号
	总账科目	明细科目	千	百	十	万	千	百	十	元	角	分	
附件　张	合　计												

会计主管：　　　记账：　　　审核：　　　出纳：　　　制单：

实验8　银行存款余额调节表的编制

【实验目的】

通过实验，使学生掌握银行存款清查、银行存款余额调节表的编制方法。

【实验指导】

一、银行存款的清查方法

银行存款的清查是采用与开户银行核对账目的方法，即将企业“银行存款日记账”与开户银行的“对账单”逐笔核对发生额和余额。通过核对如果发现二者余额相符，一般说明无错误；如果发现二者不相符，那出现这种情况的原因主要有两种：一是本单位或银行在登记账簿时出现错账；二是存在“未达 账项”。

未达账项是指在企业和银行之间，由于凭证的传递时间不同，而导致记账时间不一致，即一方已接到有关结算凭证并已经登记入账，而另一方由于尚未接到有关结算凭证尚未入账的款项。具体来讲有以下四种情况：

1.企收，银未收。即企业已收款记账，银行未收款未记账的款项，如企业已将销售产品收到的支票送存银行，而银行尚未入账的款项。

2.企付，银未付。即企业已付款记账，银行未付款未记账的款项，如企业开出付款支票，根据支票存根登记了银行存款的减少，但持票人尚未到银行办理付款手续，银行未收到该支票，未登记银行存款减少。

3.银收，企未收。即银行已收款记账，企业未收款未记账的款项，如银行收到其他单位采用托收承付方式购货所付给企业的款项，并已登记入账，但企业未收到银行收款通知单而未入账的款项。

4.银付，企未付。即银行已付款记账，企业未付款未记账的款项，如银行代企业支付公用事业费等，银行办妥相关手续后登记入账，但企业尚未收到银行付款通知单而未入账的款项。

企业在与银行对账时首先应查明是否存在未达账项，如果存在未达账项，就应该编制银行存款余额调节表对有关的账项进行调整。如果调节后双方余额相符，就说明企业和银行双方记账过程基本正确；如果调节后余额不符，企业和开户银行双方记账过程可能存在错误，属于开户银行错误，应当即由银行核查更正，属于企业错误，应查明错误所在，区别漏记、重记、错记或串记等情况，分别采用不同的方法进行更正。

二、银行存款余额调节表的编制

1.将银行存款日记账与银行对账单按结算凭证种类和号数一一进行核对，确定未达账项（哪些是银行已入账企业尚未入账的事项，哪些是企业已入账银行尚未入账的事项）。

2.将银行存款日记账与银行对账单的月末余额及未达账项填入银行存款余额调节表。

3.计算出调节后的银行存款余额。

【实验资料】

海湛股份有限公司2015年6月21日—30日银行存款日记账记录和银行对账单如下：

银行存款日记账

第8页

2015年		凭证号数	摘要	结算凭证		对方科目	借方	贷方	余额
月	日			种类	号数				
6	21		承前页						1 315 000.00
6	21	银付21	支付差旅费	现支	10785	其他应收款		2 000.00	1 313 000.00
6	22	银付22	提现发工资	现支	10786	库存现金		44 000.00	1 269 000.00
6	24	银付23	付办公用品费	转支	45761	管理费用		1 000.00	1 268 000.00
6	26	银收16	存销货款	进账单	7852	主营业务收入	11 700.00		1 279 700.00
6	30	银付24	付邮电费	转支	45726	管理费用		650.00	1 279 050.00
6	30	银收17	存款利息	结息单	38976	财务费用	500.00		1 279 550.00
6	30	银收18	收到押金	进账单	7853	其他应付款	4 000.00		1 283 550.00

中国工商银行海湛市分行（跃进路支行）对账单

户名：海湛股份有限公司　　　　第2页

账号：83852658

2015年		摘要	结算凭证		借方	贷方	余额
月	日		种类	编号			
		承前页					1 315 000.00
6	21	支付差旅费	现支	10785	2 000.00		1 313 000.00
6	22	提现发薪	现支	10786	44 000.00		1 269 000.00
6	25	付办公用品费	转支	45761	1 000.00		1 268 000.00
6	26	进账单	进账单	7852		11 700.00	1 279 700.00
6	30	收到货款	托收承付	47216		15 000.00	1 294 700.00
6	30	存款利息	结息单	38976		500.00	1 295 200.00
6	30	支付货款	委托收款	36481	25 358.00		1 269 842.00

【实验要求】

1.将银行存款日记账与银行对账单一一进行核对，找出未达账项。

2.假设企业与银行账面记录6月21日前均核对无误，6月21日到30日双方账面余额计算均无错误。编制6月份的银行存款余额调节表，确定企业银行存款实有数。

银行存款余额调节表

年　月　日　　　　单位：元

项　目	金　额	项　目	金　额
企业银行存款日记账余额		银行对账单余额	
加：银行已收，企业未收 减：银行已付，企业未付		加：企业已收，银行未收 减：企业已付，银行未付	
调节后的日记账余额		调节后的对账单余额	

实验9　记账规则与结账

【实验目的】

通过实验，使学生掌握账簿登记的基本规则与结账方法。

【实验指导】

根据财政部颁发的《会计基础工作规范》的要求，会计人员应当根据审核无误的会计凭证登记会计账簿，按照规定定期结账。

一、登记账簿的基本规则

1.登记会计账簿时，应当将会计凭证日期、编号、业务内容摘要、金额和其他有关资料逐项记入账内；做到数字准确、摘要清楚、登记及时、字迹工整。

2.登记完毕后，要在记账凭证上签名或者盖章，并注明已经登账的符号，表示已经记账。

3.账簿中书写的文字和数字上面要留有适当空格，不要写满格；一般应占格距的1/2。

4.登记账簿要用蓝黑墨水或者碳素墨水书写，不得使用圆珠笔（银行的复写账簿除外）或者铅笔书写。

5.下列情况，可以用红色墨水记账：

（1）按照红字冲账的记账凭证，冲销错误记录；

（2）在不设借方栏或贷方栏的多栏式账页中，登记减少数；

（3）在三栏式账户的余额栏前，如未印明余额方面的，在余额栏内登记负数余额；

（4）根据国家统一会计制度的规定可以用红字登记的其他会计记录。

6.各种账簿按页次顺序连续登记，不得跳行、隔页。如果发生跳行、隔页，应当将空行、空页划红线注销，并且注明"此行空白"、"此页空白"字样，并由记账人员签名或者盖章。

7.凡需要结出余额的账户，结出余额后。应当在"借或贷"等栏内写明"借"或者"贷"等字样。没有余额的账户，应当在"借或贷"等栏内写"平"字，并在余额栏内用"θ"表示。库存现金日记账和银行存款日记账必须逐日结出余额。

8.每一账页登记完毕结转下页时，应当结出本页合计数及余额，写在本页最后一行和下页第一行有关栏内，并在摘要栏内注明"过次页"和"承前页"字样；也可以将本页合计数及金额只写在下页第一行有关栏内，并在摘要栏内注明"承前页"字样。对需要结计本月发生额的账户，结计"过次页"的本页合计数应当为自本月初起至本页末止的发生额合计数；对需要结计本年累计发生额的账户，结计"过次页"的本页合计数应当为自年初起至本页末止的累计数；对既不需要结计本月发生额也不需要结计本年累计发生额的账户，可以只将每页末的余额结转次页。

二、账簿结账的基本要求

各单位应当按照规定定期结账。

1.结账前，必须将本期内所发生的各项经济业务全部登记入账。

2.结账时，应当结出每个账户的期末余额。需要结出当月发生额的，应当在摘要栏内注明"本月合计"字样，并在下面通栏划单红线。需要结出本年累计发生额的，应当在摘要栏内注明"本年累计"字样，并在下面通栏划单红线；12月末的"本年累计"就是全年累计发生额。全年累计发生额下面应当通栏划双红线。年度终了结账时，所有总账账户都应当结出全年发生额和年末余额。

3.年度终了，要把各账户的余额结转到下一会计年度，并在摘要栏注明"结转下年 "字样；在下一会计年度新建有关会计账簿的第一行余额栏内填写上年结转的余额，并在摘要栏注明"上年结转"字样。

【实验资料】

海湛股份有限公司“应收账款”账户的有关资料如下：

1.2014年1月—11月累计借方发生额为237 700元；累计贷方发生额为320 000元。

2.2014年11月30日借方余额为17 700元。

3.2014年12月1日—31日“应收账款”账户登记情况如下：

总分类账

总页码	32
本户页次	8

账户名称：应收账款

2014年 月	日	凭证号	摘要	借方（十万千百十元角分）	贷方（十万千百十元角分）	借或贷	余额（十万千百十元角分）
			承前页	22600000	32000000	借	600000
11	30	银收48	销售产品	1170000		借	1770000
11	30		本月合计	3400000	26300000	借	1770000
11	30		本年累计	23770000	32000000	借	1770000
12	1		月初余额			借	1770000
12	5	银收5	收回货款		200000		
12	18	转10	销售产品	7020000			
12	20	银收12	收回货款		600000		
12	22	转14	销售产品	8190000			
12	23	银收14	收回货款		300000		
12	25	转16	销售产品	3510000			

											总页码	33
											本户页次	9

总 分 类 账

账户名称：应收账款

2014年		凭证号	摘　要	借　方								贷　方								借或贷	余　额							
月	日			十	万	千	百	十	元	角	分	十	万	千	百	十	元	角	分		十	万	千	百	十	元	角	分
12	26	转20	销售产品		5	8	5	0	0	0	0																	
	29	银收21	收回货款											5	0	0	0	0	0									
	31	转30	销售产品		4	6	8	0	0	0	0																	

总页码	
本户页次	

总 分 类 账

账户名称：应收账款

2015年		凭证号	摘　要	借　方								贷　方								借或贷	余　额							
月	日			十	万	千	百	十	元	角	分	十	万	千	百	十	元	角	分		十	万	千	百	十	元	角	分
1	1																											

【实验要求】

1.根据记账规则的要求，将“应收账款”账中的有关内容登记完整。

2.月末，结出“应收账款”账户的本月发生额及月末余额。

3.年终，结出“应收账款”账户的本年累计发生额及年末余额。

4.年终，将“应收账款”账户的本年余额结转下年，开设下年新账页。

第五章　会计核算组织程序

实验10　科目汇总表核算组织程序

【实验目的】

通过实验使学生掌握科目汇总表的编制及总分类账户的登记方法。

【实验指导】

一、科目汇总表核算组织程序

会计核算组织程序又称账务处理程序或会计核算形式，是指在会计循环中，企业所采用的会计凭证、会计账簿、会计报表的种类和格式、登记账簿的方法和会计循环程序。

科目汇总表核算组织程序又称记账凭证汇总表核算组织程序，是指根据记账凭证定期编制科目汇总表，再根据科目汇总表登记总分类账的一种会计核算组织程序。它是在记账凭证核算组织程序的基础上发展、演变而来的一种会计核算组织程序。

科目汇总表核算组织程序流程如下图所示：

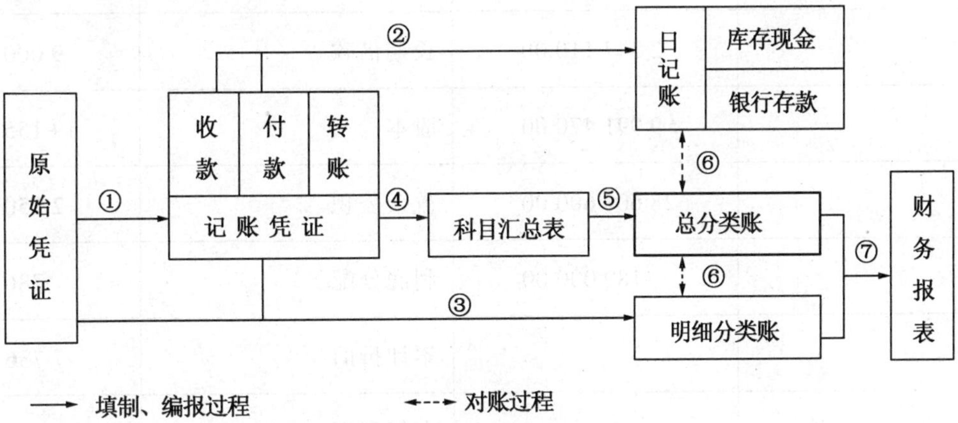

科目汇总表核算组织程序流程图

①根据原始凭证填制记账凭证；

②根据收款凭证和付款凭证逐笔登记库存现金日记账和银行存款日记账；

③根据原始凭证、记账凭证逐笔登记明细分类账；

④根据记账凭证定期编制科目汇总表；

⑤根据科目汇总表定期登记总分类账；

⑥库存现金日记账和银行存款日记账以及明细分类账分别与其对应的总分类账户进行核对；

⑦期末根据总分类账和明细分类账编制财务报表。

二、科目汇总表的编制方法

科目汇总表是根据记账凭证（收、付、转账凭证或通用记账凭证），按照相同的科目进行归类，定期（5天、10天、半月或月末一次）进行汇总，编制的汇总表。具体编制步骤如下：

1.根据编制期内的全部记账凭证所涉及的每一个会计科目开设并登记“T”形账户（或科目汇总表工作底稿），将本期全部记账凭证的发生额一一记入有关“T”形账户（或科目汇总表工作底稿）。

2.计算每一个“T”形账户的本期借方发生额与贷方发生额合计数。

3.将每一个“T”形账户的借方发生额与贷方发生额合计数填入科目汇总表中与有关科目相对应的“本期发生额”栏，并将所有会计科目本期借方发生额与贷方发生额进行合计，借贷相等后，一般说明无误，可用以登记总账。

【实验资料】

1.海湛股份有限公司2015年3月初各总分类账户的期初余额如下：

总分类账户期初余额

单位：元

账户名称	借方余额	账户名称	贷方余额
库存现金	8 700.00	短期借款	1 500 000.00
银行存款	2 089 920.00	应付账款	1 382 940.00
交易性金融资产	1 800 000.00	应付职工薪酬	166 000.00
应收账款	855 900.00	应交税费	1 083 900.00
其他应收款	12 540.00	应付利息	90 000.00
原材料	2 347 110.00	长期借款	9 000 000.00
库存商品	9 991 470.00	股本	19 155 000.00
固定资产	28 608 600.00	盈余公积	2 250 000.00
无形资产	189 000.00	利润分配	786 300.00
		累计折旧	7 736 000.00
		本年利润	2 753 100.00
合　计	45 903 240.00	合　计	45 903 240.00

2.海湛股份有限公司2015年3月1日—10日、11日—20日的科目汇总表如下：

科目汇总表

科汇字第3-1号

2015年03月01日至10日　　凭证1号至72号共72张

会计科目	本期发生额																					
	借方										√	贷方										√
	千	百	十	万	千	百	十	元	角	分		千	百	十	万	千	百	十	元	角	分	
库存现金					4	5	0	0	0	0						6	0	0	0	0	0	
银行存款			6	6	3	7	4	0	0	0				5	3	5	8	0	0	0	0	
应收账款			2	8	6	8	0	0	0	0				2	1	8	3	4	0	0	0	
短期借款			1	5	0	0	0	0	0	0												
应付账款			1	8	2	4	0	0	0	0												
应交税费			1	0	8	0	0	0	0	0												
制造费用			1	4	8	1	4	0	0	0												
主营业务收入														8	6	6	0	0	0	0	0	
销售费用				2	1	0	0	0	0	0												
管理费用				6	1	5	6	0	0	0												
合　计		1	6	2	6	1	4	0	0	0			1	6	2	6	1	4	0	0	0	

会计主管：蒋　榕　　记账：刘　明　　复核：周正亿　　制表：刘　明

科目汇总表

科汇字第3-2号

2015年03月11日至20日　　凭证73号至147号共75张

会计科目	本期发生额																					
	借方										√	贷方										√
	千	百	十	万	千	百	十	元	角	分		千	百	十	万	千	百	十	元	角	分	
库存现金					2	7	0	0	0	0						5	4	0	0	0	0	
银行存款			7	9	0	2	0	0	0	0				3	8	6	7	0	0	0	0	
应收账款			3	0	0	0	0	0	0	0												
其他应收款				2	4	0	0	0	0	0					3	0	0	0	0	0	0	
在途物资			3	2	1	6	0	0	0	0				2	5	8	6	0	0	0	0	
原材料			2	5	8	6	0	0	0	0												
固定资产			1	4	4	9	0	0	0	0												
无形资产				6	0	0	0	0	0	0												
应付账款			1	5	0	0	0	0	0	0				3	3	6	0	0	0	0	0	
长期借款														6	0	0	0	0	0	0	0	
制造费用				3	3	9	0	0	0	0												
主营业务收入														5	0	4	0	0	0	0	0	
销售费用				1	2	0	0	0	0	0												
管理费用				2	2	8	0	0	0	0												
合　计		2	1	2	0	7	0	0	0	0			2	1	2	0	7	0	0	0	0	

会计主管：蒋　榕　　记账：刘　明　　复核：周正亿　　制表：刘　明

3.海湛股份有限公司2015年3月21日—31日的各项经济业务如下：

（1）3月21日，出纳员填写现金支票一张，从银行提取现金2 500元。原始凭证№001。

№001

中国工商银行（粤）

现金支票存根

NO. 01888881

附加信息

出票日期2015年03月21日

收款人：	海湛股份有限公司
金　额：	¥2 500.00
用　途：	备用金

单位主管：刘海　会计：刘明

（2）3月21日，向工商银行借入期限为3个月的借款200 000元，原始凭证№002(1)、(2)。

№002（1）

中国工商银行短期借款合同

立合同单位：中国工商银行海湛分行(以下简称贷款方)

海湛股份有限公司(以下简称借款方)

为明确责任，恪守合同，特签订本合同，共同信守。

一、贷款种类：企业短期流动资金借款。

二、借款金额：贰拾万元整。

三、借款用途：购原材料。

四、借款利息：月息千分之五，按季收息，利随本清。如遇国家调整利息率，按调整后的规定计算。

五、借款期限：借款时间自贰零壹伍年叁月贰拾壹日至贰零壹伍年陆月贰拾壹日止。

六、还款来源：主营业务收入。

七、还款方式：转账。

八、保证条款：借款方请海湛贸易公司作为借款人保证方，经贷款方审查，证实保证方具有担保资格和足够代偿借款的能力。保证方有权检查和督促借款方履行合同。当借款方不履行合同时，由保证方承担偿还借款本息的责任。必要时贷款方可以从保证方的存款户内扣收贷款本息。

九、违约责任：(略)。

十、合同附件：(略)。

本合同正本一式三份，借款方、贷款方、保证方各执一份；合同副本×份，报送×××有关各单位各留存一份。

贷款方：工行海湛市分行　借款方：海湛股份有限公司　保证方：海湛贸易公司

法人代表：宋江　法人代表：刘海（盖章）　法人代表：晁盖

借款方开户银行：工商银行海湛市跃进支行

借款方账户：83852658　2015年3月21日

№002（2）

中国工商银行借款借据（代收账通知）

贷款单位	海湛股份有限公司			贷款申请书编号	090126			贷款账号	83852658		存款账号	83852658		
贷款金额	人民币（大写）：贰拾万元整	百	十	万	千	百	十	元	角	分	申请还款日期	2015年06月21日		
		¥	2	0	0	0	0	0	0	0				
银行核定金额	人民币（大写）：贰拾万元整										银行核定还款日期	2015年06月21日		
											银行实际放款日期	2015年03月21日		
兹向你行贷到上列款项，到期时请凭此借据从本单位存款账户内收回。此致 贷款单位（章）〔海湛股份有限公司〕 法人代表（章）〔刘海印章〕									上列贷款已按银行核定金额发放，并收入你单位账户。此致 银行盖章 年 月 日 〔中国工商银行 海湛市跃进支行 2015.03.21 转讫〕					

还款记录	日期	还款金额	未还金额	记账员	复核员	日期	还款金额	未还金额	记账员	复核员

（3）3月21日，购入不需安装的数控机床一台，价款200 000元，增值税34 000元，另支付运费1 000元，以上款项均以银行存款支付。原始凭证№003（1）、（2）、（3）、（4）、（5）、（6）。

No003（1）

广东增值税专用发票

〔全国统一发票监制章 国家税务总局监制〕

抵　扣　联

4400084111　　　　　　　　　　　　　　　　　　　　№00188666

校验码 11068 22833 52036 05649　　　　　　　　　　开票日期：2015年03月21日

购买方	名称：海湛股份有限公司 纳税人识别号：440812001765425 地址、电话：海湛市寸金路88号0788-3533071 开户银行及账号：工行海湛市跃进支行83852658				密码区	-9>8—98209—8<*>9*28　加密版本01 <2>/81+1764/-6<91>-93　4400084111 >60+4433><43<3>*61353　00188666 654---26>7/68>/7/>>*>	
货物或应税劳务、服务名称	规格型号	单位	数量	单价	金额	税率	税额
数控机床		台	1	200 000	200 000.00	17%	34 000.00
合　计					¥200 000.00		¥34 000.00
价税合计（大写）	⊗贰拾叁万肆仟元整					（小写）¥234 000.00	
销售方	名称：海湛市机电公司 纳税人识别号：440812012309899 地址、电话：海湛市霞海路28号0788-3866066 开户银行及账号：工行海湛市霞海支行90289488				备注	〔海湛市机电公司 440812012309899 发票专用章〕	

收款人：王江　　复核：刘天一　　开票人：王月明　　销售方：（章）

第二联：抵扣联　购买方扣税凭证

№003（2）

广东增值税专用发票

（全国统一发票监制章 广东 国家税务总局监制）

发 票 联

4400084111　　　　　　　　　　　　　　　　№00188666

校验码 11068 22833 52036 05649　　　　　　　　开票日期：2015年03月21日

购买方	名　　　称：海湛股份有限公司 纳税人识别号：440812001765425 地　址、电　话：海湛市寸富路88号 0788-3533071 开户银行及账号：工行海湛市跃进支行 83852658	密码区	-9>8—98209—8<*>9*28　加密版本01 <2>/81+1764/-6<91>-93　4400084111 >60+4433><43<3>*61353　00188666 654---26>7/68>/7/>>*>

货物或应税劳务、服务名称	规格型号	单位	数量	单价	金额	税率	税额
数控机床		台	1	200 000	200 000.00	17%	34 000.00
合　计					¥200 000.00		¥34 000.00
价税合计（大写）	⊗贰拾叁万肆仟元整						（小写）¥234 000.00

销售方	名　　　称：海湛市机电公司 纳税人识别号：440812012309899 地　址、电　话：海湛市霞海路28号 0788-3866066 开户银行及账号：工行海湛市霞海支行 90289488	备注	（海湛市机电公司 440812012309899 发票专用章）

收款人：王江　　复核：刘天一　　开票人：王月明　　销售方：（章）

第三联：发票联 购买方记账凭证

№003（3）

中国工商银行（粤）

转账支票存根

NO. 22660001

附加信息

出票日期 2015年03月21日

收款人：	海湛市机电公司
金　额：	¥234 000.00
用　途：	购机床

单位主管：刘海　会计：刘明

№003（4）

全国统一发票监制章 国家税务总局监制

货物运输业增值税普通发票

发票联

4400084301　　　　　　　　　　　　　　　　№01011008

01011008　　　　　　　　　　　　　　开票日期：2015年03月21日

承运人及 纳税人识别号	海湛市汽车运输公司 440812012611599	密码区	-9>8—98209—8<*>9*28/052*6110/94444*-　<2> /81+1764/-6<91>-93>649>350909*810/ >60+4433><43<3>*61353/6050-4*6987-/+ 654---26>7/68>/7/>>*> 96*/-+*/54987-/*4
实际受票方及 纳税人识别号	海湛股份有限公司 440812001765425		
收货人及 纳税人识别号	海湛股份有限公司 440812001765425	发货人及 纳税人识别号	海湛股份有限公司 440812001765425
起运地、经由、到达地	海湛市霞海路28号至海湛市寸宝路88号		
费用项目及金额	费用项目　金额 运费　900.90	运输货物信息	机器设备

合计金额	￥900.90	税率	11%	税额	￥99.10	机器编码	829900186878
价税合计（大写）	⊗壹仟元整					（小写）	￥1 000.00
车种车号	货车 粤G99118	车船吨位	15	备注	海湛市汽车运输公司 440812012611599 发票专用章		
主管税务机关及代码	海湛市赤坎区国家税务局第一税务分局 44081129300						

收款人：王三水　　　复核：刘永田　　　开票人：李静　　　承运人：（章）

第二联：发票联　购买方记账凭证

№003（5）

中国工商银行（粤）

转账支票存根

NO. 22660002

附加信息

出票日期2015年03月21日

收款人：	海湛市汽车运输公司
金　额：	￥1 000.00
用　途：	付运费

单位主管：刘海　　会计：刘明

No003（6）

类型：机器设备

海湛股份有限公司固定资产入库单

编号：090321

发票：0018866

2015年03月21日

来源：海湛市机电公司

名称	规格	单位	数量		实际成本				备注
			应收	实收	单价	总价	运杂费	小计	
数控机床	Sk-18	台	1	1	200 000.00	200 000.00	1 000.00	201 000.00	
合计人民币（大写）	贰拾万零壹仟元整							￥201 000.00	

供销主管：李　庆　　采购：李云飞　　验收保管：韩　雪

（4）3月22日，向海湛钢铁公司购进圆钢10吨，每吨6 000元，增值税进项税额10 200元，开出转账支票付款，材料已验收入库。原始凭证№004（1）、（2）、（3）、（4）。

№004（1）

中国工商银行（粤）

转账支票存根

NO. 22660003

附加信息

出票日期2015年03月22日

收款人：	海湛钢铁公司
金　额：	￥70 200.00
用　途：	货款

单位主管：刘海　会计：刘明

№004（2）

广东增值税专用发票

抵　扣　联

4400079188　　　　№00286177

校验码 99068 11833 88036 10649　　　　开票日期：2015年03月22日

购买方	名　　称：海湛股份有限公司 纳税人识别号：440812001765425 地　址、电　话：海湛市寸宝路88号 0788-3533071 开户银行及账号：工行海湛市跃进支行 83852658			密码区	-3>7—98209—8<*>9*29 <2>/81+1764/-6<91>-93 >60+4433><43<3>*61353 789---26>7/68>/7/>>*>	加密版本01 4400079188 00286177	
货物或应税劳务、服务名称	规格型号	单位	数量	单价	金额	税率	税额
圆钢		吨	10	6 000.00	60 000.00	17%	10 200.00
合　计					￥60 000.00		￥10 200.00
价税合计（大写）	⊗柒万零贰佰元整						（小写）￥70 200.00
销售方	名　　称：海湛钢铁公司 纳税人识别号：440812012306600 地　址、电　话：海湛市霞湖路11号 0788-3899099 开户银行及账号：工行海湛市霞湖支行 90281166			备注	海湛钢铁公司 440812012306600 发票专用章		

收款人：张安知　　复核：刘鹏飞　　开票人：钟小辉　　销售方：（章）

第二联：抵扣联　购买方扣税凭证

№004（3）

广东增值税专用发票

发　票　联

4400079188　　　　№00286177

校验码 99068 11833 88036 10649　　　　开票日期：2015年03月22日

购买方	名　　称：海湛股份有限公司 纳税人识别号：440812001765425 地　址、电　话：海湛市寸宝路88号 0788-3533071 开户银行及账号：工行海湛市跃进支行 83852658			密码区	-3>7—98209—8<*>9*29 <2>/81+1764/-6<91>-93 >60+4433><43<3>*61353 789---26>7/68>/7/>>*>	加密版本01 4400079188 00286177	
货物或应税劳务、服务名称	规格型号	单位	数量	单价	金额	税率	税额
圆钢		吨	10	6 000.00	60 000.00	17%	10 200.00
合　计					￥60 000.00		￥10 200.00
价税合计（大写）	⊗柒万零贰佰元整						（小写）￥70 200.00
销货单位	名　　称：海湛钢铁公司 纳税人识别号：440812012306600 地　址、电　话：海湛市霞湖路11号 0788-3899099 开户银行及账号：工行海湛市霞湖支行 90281166			备注	海湛钢铁公司 440812012306600 发票专用章		

收款人：张安知　　复核：刘鹏飞　　开票人：钟小辉　　销售方：（章）

第三联：发票联　购买方记账凭证

№004（4）

供货单位：海湛钢铁公司　　　　**海湛股份有限公司收料单**　　　　材料类别：原材料

发票号码：00286177　　　　2015年03月22日　　　　材料仓库：2

材料编号	材料名称（规格）	单位	数量		实际成本											
			应收	实收	单价	发票价格	运杂费	金额								
								百	十	万	千	百	十	元	角	分
	圆钢	千克	10	10	6 000	60 000				6	0	0	0	0	0	0
合计									¥	6	0	0	0	0	0	0
备注																

第二联：记账联

记账：张金锭　　主管：王月　　验收：吴明君　　采购：李云飞

（5）3月22日，开出转账支票支付员工工资,工资明细表略，原始凭证№005。

№005

中国工商银行（粤）

转账支票存根

NO. 22660004

附加信息

出票日期2015年03月22日

收款人：	海湛股份有限公司职工工资户
金　额：	¥165 000.00
用　途：	工资

单位主管：刘海　　会计：刘明

（6）3月22日，行政部门交纳宽带使用费。原始凭证№006（1）、（2）。

№006（1）

中国工商银行（粤） 转账支票存根 NO. 22660005
附加信息
出票日期 2015年03月22日
收款人：海湛市电信局
金　额：¥3 500.00
用　途：宽带使用费
单位主管：刘海　会计：刘明

№006（2）

广东国统一发票监制章

广东增值税普通发票

国家税务总局监制

4400084321　　发　票　联　　№00326588

校验码 32068 30833 22036 95649　　开票日期：2015年03月22日

购买方	名　　称：海湛股份有限公司 纳税人识别号：440812001765425 地　址、电　话：海湛市寸金路88号 0788-3533071 开户银行及账号：工行海湛市跃进支行 83852658	密码区	-9>1—98209—8<*>9*28/7878978764446 <0>/81+1764/-6<91>-93 */78-+-*/454696 >90+4433><43<3>*61334 **-+4222871// 954---26>7/68>/7/>>*>/*/-+/8759867477

货物或应税劳务、服务名称	规格型号	单位	数量	单价	金额	税率	税额
宽带使用费		月	1	3 301.89	3 301.89	6%	198.11
合　计					¥3 301.89		¥198.11
价税合计（大写）	⊗叁仟伍佰元整						（小写）¥3 500.00

销售方	名　　称：中国电信股份有限公司海湛市分公司 纳税人识别号：440811012611889 地　址、电　话：海湛市南桥路114号 0788-3888888 开户银行及账号：工行海湛市南桥支行 3850114	备注	中国电信股份有限公司海湛市分公司 440811012611889 发票专用章

收款人：王山高　　复核：刘明昕　　开票人：李中山　　销售方：（章）

第二联：发票联　购买方记账凭证

（7）3月22日，以现金支付车间办公用品费。原始凭证№007。

№007

广东省海湛市国家税务局通用机打发票

发 票 联

（印章：全国统一发票监制章 广东省海湛市 国家税务局监制）

发票代码：144081420311

发票号码：00014421

开票日期：2015年03月22日　　行业分类：商业　　00014421

顾客名称：海湛股份有限公司　　1566 5042 6897 7180

地址：海湛市寸宝路88号　　8104 1011 2913 0424 4294

9574 5542 5127 0211 5029

加密版本：01　20150119

项　目	单位	数量	单价	金额
圆珠笔	支	300	2.00	600.00
笔记本	本	100	3.00	300.00

（印章：海湛市好优多百货公司 440811012777666 发票专用章）

合计金额大写（人民币）：⊗玖佰元整　　合计金额小写：￥900.00

备注：00568/91/0602

开票人：李日丽　收款人：王华　开票单位（盖章）：海湛市好优多百货公司　　电脑开具　手写无效

第二联：发票联（购货单位付款凭证）（手写无效）

(本发票开票合计金额超过拾万元无效)

（8）3月23日，交纳上月增值税。原始凭证№008。

№008

中国工商银行电子缴税付款凭证

转账日期：2015年03月23日　　凭证字号：0123456789

纳税人全称及纳税人识别号：海湛股份有限公司440812001765425

付款人全称：海湛股份有限公司

付款人账号：83852658　　征收机关名称：海湛市赤坎区国家税务局

付款人开户银行：工商银行海湛市跃进支行　　收款国库(银行)名称：国家金库赤坎区支库

小写（合计）金额：￥10 000.00　　缴款书交易流水号：0123456789

大写（合计）金额：人民币壹万元整　　税票号码：0123456789

税（费）种名称	所属时期	实缴金额
增值税	20150201—20150928	￥10 000.00

（印章：中国工商银行 海湛市跃进支行 2015.03.23 转 讫）

第 1 次打印　　打印时间：2015年03月23日 15：24

第二联 作付款回单（无银行收讫章无效）　复核　记账

（9）3月23日，销售部员工李庆赴北京参加出口商品博览会，经批准预借差旅费5 000元。原始凭证№009。

№009

海湛股份有限公司借款单

日期：　2015年03月23日

部门名称	销售部		借款人	李庆							
借款用途	参加出口商品博览会										
借款金额（大写）	人民币伍仟元整　现金付讫			拾	万	仟	佰	拾	元	角	分
					¥	5	0	0	0	0	0
批准人	刘海	会计	刘明	出纳			黄江				

第一联：记账联

（10）3月23日，销售B产品一批，产品已发出，并办妥代办托运手续，收到银行承兑汇票一张。原始凭证№010 (1)、(2)、(3)、(4)、(5)。

№010（1）

广东增值税专用发票

全国统一发票监制章 广东 国家税务总局监制

4400084188　　此联不作报销、扣税凭证使用　　№00267899

校验码 96068 61833 68036 60649　　开票日期：2015年03月23日

购买方	名　　称：广州市长城公司 纳税人识别号：440112012756789 地　址、电　话：广州市海珠北路888号 020-78699999 开户银行及账号：工行海珠北支行 83866789				密码区	-9>7—98209—8<*>9*29 <0>/81+1764/-6<91>-93 >30+4433><43<3>*61353 644---26>7/68>/7/>>*>	加密版本01 4400084188 00267899
货物或应税劳务、服务名称	规格型号	单位	数量	单价	金额	税率	税额
B产品	BCD型	台	100	4 000.00	400 000.00	17%	68 000.00
合　计					¥400 000.00		¥68 000.00
价税合计（大写）	⊗肆拾陆万捌仟元整					（小写）	¥468 000.00
销售方	名　　称：海湛股份有限公司 纳税人识别号：440812001765425 地　址、电　话：海湛市寸宝路88号 0788-3533071 开户银行及账号：工行海湛市跃进支行 83852658				备注		

收款人：黄江　　复核：刘明　　开票人：钟月　　销售方：（章）

第一联：记账联　销售方记账凭证

№010（2）

货物运输业增值税普通发票

发 票 联

4400084301 №01011008

01011008 开票日期：2015年03月23日

承运人及 纳税人识别号	海湛市汽车运输公司 440812012611599			密码区	*+>8—98209—8<*>9*28/052*6110/944441- - 96>/81+1764/-6<91>-93>649>350909*819/ **60+4433><43<3>*61353/6050-4*6987-/+ 884---26>7/68>/7/>>*> 96*/-+*/54987-/*22		
实际受票方及 纳税人识别号	广州市长城公司 440112012756789						
收货人及 纳税人识别号	广州市长城公司 440112012756789			发货人及 纳税人识别号	海湛股份有限公司 440812001765425		
起运地、经由、到达地	海湛市霞海路28号至广州市白云山路8号						
费用项目及金额	费用项目 金额 运费 2 702.70			运输货物信息	B产品		
合计金额	￥2 702.70	税率	11%	税额	￥297.30	机器编码	829900186878
价税合计（大写）	⊗叁仟元整				（小写） ￥3 000.00		
车种车号	货车 粤G99007	车船吨位	15	备注	海湛市汽车运输公司 440812012611599 发票专用章		
主管税务机关 及代码	海湛市赤坎区国家税务局第一税务分局 44081129300						

第二联：发票联 购买方记账凭证

收款人：王三水 复核：刘永田 开票人：李静 承运人：（章）

№010（3）

中国工商银行（粤）

转账支票存根

NO. 22660005

附加信息

出票日期2015年03月23日

收款人：	海湛市汽车运输公司
金 额：	￥3 000.00
用 途：	代垫运杂费

单位主管：刘海 会计：刘明

№010（4）

银行承兑汇票

汇票号码 SC2666

出票日期（大写）贰零壹伍年叁月贰拾叁日　　第061号

出票人全称	广州市长城公司			收款人	全称	海湛股份有限公司		
出票人账号	83866789				账号	83852658		
付款行全称	工商银行海珠北支行	行号	44011		开户银行	工商银行跃进支行	行号	44081
汇票金额	人民币(大写)：肆拾柒万壹仟元整					千百十万千百十元角分	¥47100000	
汇票到期日	贰零壹伍年陆月贰拾叁日	本汇票已经承兑，到期日由本行付款。				交易合同号码		
本汇票请你行承兑，到期无条件付款。 广州市长城公司 财务专用章 郭靖 出票人签章 2015年03月23日		中国工商银行 汇票专用章 2015.03.23 承兑银行签章 承兑日：2015年03月18日 张宝 备注：				科目（借） 对方科目（贷） 转账　年　月　日 复核　　记账		

№010（5）

海湛股份有限公司产品出库单

用途：销售　　2015年03月23日　　存放地点：2号库

品名及规格	单位	数量	单位成本	金额	备注
B产品	件	100	2 000.00	200 000.00	
合计		100		¥200 000.00	

第二联：记账联

记账：张金锭　　保管：吴明君　　检验：张君伟　　制单：朱林

（11）3月23日，开出转账支票支付产品广告费4 000元。原始凭证№011（1）、（2）。

№011（1）

中国工商银行（粤）

转账支票存根

NO. 22660006

附加信息

出票日期2015年03月23日

收款人：	海湛市大厦文化传播有限公司
金　额：	¥4 000.00
用　途：	广告费

单位主管：刘海　　会计：刘明

№011（2）

全国统一发票监制章 国家税务局监制

广东增值税普通发票

发　票　联

4400084321　　　　№00326588

校验码 32068 30833 22036 95649　　　　开票日期：2015年03月22日

购买方	名　　称：海湛股份有限公司 纳税人识别号：440812001765425 地　址、电　话：海湛市寸金路88号 0788-3533071 开户银行及账号：工行海湛市跃进支行3852658	密码区：55>1—98209—8<*>9*28/457/*-+752897/ 88>/81+1764/-6<91>-93*//82336874864+/ 556+4433><43<3>*61334-*/+//87569840/ 0054---26>7/68>/7/>>*>/89/*-9754613693

货物或应税劳务、服务名称	规格型号	单位	数量	单价	金额	税率	税额
广告费					3 773.58	6%	226.42
合　计					¥3 773.58		¥226.42
价税合计（大写）	⊗肆仟元整					（小写）	¥4 000.00

销售方	名　　称：海湛市大厦文化传播有限公司 纳税人识别号：440811012611798 地　址、电　话：海湛市人民大道南8号 0788-2754888 开户银行及账号：工行海湛市人民大道支行3850798	备注：海湛市大厦文化传播有限公司 4408110126117989 发票专用章

收款人：刘丽　　复核：王昕　　开票人：李兴　　销售方：（章）

第二联：发票联　购买方记账凭证

（12）3月24日，偿还前欠货款。原始凭证№012。

№012

中国工商银行**电汇凭证**（回　单）　①

委托日期2015年03月24日　　第　号

汇款人	全称	海湛股份有限公司		收款人	全称	广州市粤华公司		
	账号住址	83852658			账号住址	83851111		
	汇出地点	广东省海湛市	汇出行名称	工商银行跃进支行	汇入地点	广东省广州市	汇入行名称	工商银行火车路分理处

金额	百	十	万	千	百	十	元	角	分
人民币（大写）壹万伍仟元整		¥	1	5	0	0	0	0	0

汇款用途：归还欠款	汇出行盖章
上列款项已根据委托办理，如需查询，请持此回单来行面洽。	2015年03月24日

（中国工商银行海湛市跃进支行 2015.03.24 收讫）

此联是汇款人开户银行给汇款人的回单

（13）3月25日，销售A产品一批，产品已发出，收到转账支票一张，当日办妥进账手续。原始凭证№013（1）、（2）、（3）。

№013（1）

广东增值税专用发票

（全国统一发票监制章 广东 国家税务总局监制）

4400084188　　此联不作报销、扣税凭证使用　　№00286288

校验码 96067 81833 68036 60648　　开票日期：2015年03月25日

购买方	名　　称：海湛市东方公司 纳税人识别号：440812012219727 地　址、电　话：海湛市霞赤路48号 0788-3870777 开户银行及账号：工行海湛市民有支行 83857241				密码区	-7>7—98209—8<*>9*29　加密版本01 <1>/81+1764/-6<91>-93　4400084188 >80+4433><43<3>*61353　00286288 754---26>7/68>/7/>>*>	
货物或应税劳务、服务名称	规格型号	单位	数量	单价	金额	税率	税额
A产品	ABC型	台	1 000	500.00	500 000.00	17%	85 000.00
合　计					¥500 000.00		¥85 000.00
价税合计（大写）	⊗伍拾捌万伍仟元整					（小写）¥585 000.00	
销售方	名　　称：海湛股份有限公司 纳税人识别号：440812001765425 地　址、电　话：海湛市寸金路88号 0788-3533071 开户银行及账号：工行海湛市跃进支行 83852658				备注		

收款人：黄江　　复核：刘明　　开票人：钟月　　销售方：（章）

第一联：记账联　销售方记账凭证

№013（2）

中国工商银行**进账单**（收款通知）　**3**

2015年03月25日　　第36号

<table>
<tr><td rowspan="3">出票人</td><td>全　称</td><td>海湛市东方公司</td><td rowspan="3">收款人</td><td>全　称</td><td colspan="9">海湛股份有限公司</td></tr>
<tr><td>账　号</td><td>83857241</td><td>账　号</td><td colspan="9">83852658</td></tr>
<tr><td>开户银行</td><td>工行海湛市民有支行</td><td>开户银行</td><td colspan="9">工行海湛市跃进支行</td></tr>
<tr><td rowspan="2">金额</td><td colspan="4" rowspan="2">人民币(大写)：伍拾捌万伍仟元整</td><td>百</td><td>十</td><td>万</td><td>千</td><td>百</td><td>十</td><td>元</td><td>角</td><td>分</td></tr>
<tr><td>¥</td><td>5</td><td>8</td><td>5</td><td>0</td><td>0</td><td>0</td><td>0</td><td>0</td></tr>
<tr><td>票据种类</td><td>转账支票</td><td>票据张数</td><td>壹</td><td colspan="10" rowspan="3">中国工商银行 海湛市跃进支行 2015.03.25 转 讫
收款人开户行签章</td></tr>
<tr><td>票据号码</td><td colspan="3">1332266</td></tr>
<tr><td colspan="4">复核　　　　记账</td></tr>
</table>

此联是收款人开户银行交给收款人的收账通知

№013（3）

海湛股份有限公司产品出库单

用途：销售　　2015年03月25日　　存放地点：1号库

品名及规格	单位	数量	单位成本	金额	备注
A产品	台	1 000	200.00	200 000.00	
合　计		1 000		200 000.00	

第二联：记账联

记账：张金锭　　保管：吴明君　　检验：张君伟　　制单：朱林

（14）3月26日，销售废料一批，款未收。原始凭证№014（1)、(2）。

№014（1）

海湛股份有限公司领料单

领用单位：销售部　　2015年03月26日　　2号仓库　　编号：063

<table>
<tr><td>用途</td><td colspan="3">销售</td><td>产品批量</td><td colspan="2"></td><td>订单号</td><td></td></tr>
<tr><td rowspan="2">材料类别</td><td rowspan="2">材料编号</td><td rowspan="2">材料名称</td><td rowspan="2">规格</td><td rowspan="2">计量单位</td><td colspan="2">数量</td><td rowspan="2">单价</td><td rowspan="2">金额</td></tr>
<tr><td>请领</td><td>实发</td></tr>
<tr><td></td><td></td><td>甲材料</td><td>#ABC</td><td>千克</td><td>1 000</td><td>1 000</td><td>40.00</td><td>40 000.00</td></tr>
<tr><td></td><td></td><td></td><td></td><td></td><td></td><td></td><td></td><td></td></tr>
<tr><td colspan="5">合　计</td><td></td><td></td><td></td><td>¥40 000.00</td></tr>
<tr><td>备注</td><td colspan="8"></td></tr>
</table>

第二联：记账联

记账：张金锭　　主管：王月　　发料：吴明君　　领料：张君伟

№014（2）

广东增值税专用发票

4400084188　　此联不作报销、扣税凭证使用　　№00286299

校验码 76067 81830 28038 80648　　开票日期：2015年03月26日

购买方	名　　称：海湛市资源回收公司 纳税人识别号：440812012233333 地　址、电　话：海湛市霞赤路333号 0788-2622222 开户银行及账号：工行海湛市霞赤支行 83857333				密码区	-7>7—98209—8<*>9*29 <1>/81+1764/-6<91>-93 >80+4433><43<3>*61353 754---26>7/68>/7/>>*>	加密版本01 4400084188 00286299
货物或应税劳务、服务名称	规格型号	单位	数量	单价	金额	税率	税额
甲材料		千克	1 000	50.00	50 000.00	17%	8 500.00
合　计					¥50 000.00		¥8 500.00
价税合计（大写）	⊗伍万捌仟伍佰元整						（小写）¥58 500.00
销售方	名　　称：海湛股份有限公司 纳税人识别号：440812001765425 地　址、电　话：海湛市寸宝路88号 0788-3533071 开户银行及账号：工行海湛市跃进支行 83852658				备注		

收款人：黄江　　复核：刘明　　开票人：钟月　　销售方：（章）

第一联：记账联　销售方记账凭证

（15）3月27日，李庆出差回来报销差旅费。原始凭证№015（1）、（2）。

№015（1）

海湛股份有限公司收据

2015年03月27日　　№000188

交款单位或交款人	李庆	收款方式	现金
事由 差旅费余款 金额（人民币大写）：壹佰元整　　¥100.00			备注：

现金收讫

收款人：黄江　　收款单位（盖章）海湛股份有限公司 财务专用章

第三联：记账联

（第一、第二联略）

№015（2）

海湛股份有限公司差旅费报销单

部门：专设销售部　　　　2015年03月27日

姓名	李庆					出差事由		参加博览会			自2015年3月23日 至2015年3月27日				共5天	
起讫时间及地点						车船票		夜间乘车补助费			出差乘补费			住宿费	其他	
月	日	起	月	日	讫	类别	金额	时间	标准	金额	日数	标准	金额	金额	项目	金额
3	23	海湛	3	21	北京	飞机	1 500									
3	27	北京	3	25	海湛	飞机	1 500				5	50	250	1 500	打的	150
小计							3 000						250	1 500		150
合计金额（人民币大写）：肆仟玖佰元整												（小写）¥4 900.00				
备注：预借5 000.00					核销4 900.00				退补 100.00							

附单据　共壹拾肆张

单位领导：刘海　　财务主管：蒋榕　　审核：周正亿　　填报人：李庆

注：飞机票、住宿费发票、公交车票、出租车发票略，共14张。

（16）3月31日，计提本月借款利息1 000元。原始凭证№016。

№016

海湛股份有限公司贷款利息计提表

2015年03月31日

贷款项目	贷款期限	本　金	月利率	月提取额
流动资金借款	3个月	200 000	5‰	1 000.00
合　计				1 000.00

会计主管：蒋榕　　审核：周正亿　　制表：刘明

（17）3月31日，计提本月固定资产折旧费用。原始凭证№017。

№017

海湛股份有限公司固定资产折旧计算表

2015年03月31日　　　　单位：元

使用部门	上月固定资产计提折旧额	上月增加的固定资产应计提折旧额	上月减少的固定资产应计提折旧额	本月应计提的折旧额	备注
生产车间	114 060.00	3 000.00		117 060.00	
厂　部	39 000.00		1 500.00	37 500.00	
合　计	153 060.00	3 000.00	1 500.00	154 560.00	

会计主管：蒋 榕　　　　审核：周正亿　　　　制表：张金锭

（18）3月31日，结转工资费用。原始凭证№018。

№018

海湛股份有限公司工资费用分配汇总表

2015年03月31日

车间、部门		应分配金额
车间生产人员工资	生产A产品	70 200.00
	生产B产品	50 800.00
车间管理人员		26 000.00
厂部管理人员		19 000.00
合　计		166 000.00

会计主管：蒋 榕　　　　审核：周正亿　　　　制表：刘 明

（19）3月31日，结转本月发出材料成本。原始凭证№019。

№019

海湛股份有限公司发料凭证汇总表

2015年03月31日　　　　单位：元

借方科目（用途）＼贷方科目			原材料			
			原料及主要材料	辅助材料	燃料	合计
生产成本	车间生产产品耗用	A产品	1 540 000.00	5 000.00		1 545 000.00
		B产品	842 100.00	2 900.00		845 000.00
		小计	2 382 100.00	7 900.00		2 390 000.00
制造费用	车间一般耗用			6 500.00	4 500.00	11 000.00
管理费用	厂部管理部门领用			4 000.00	2 000.00	6 000.00
其他业务成本	对外销售			40 000.00		40 000.00
合　计			2 382 100.00	58 400.00	6 500.00	2 447 000.00

会计主管：蒋榕　　　　审核：周正亿　　　　制表：刘明

（20）3月31日，分配本月制造费用入生产成本（1—20日发生的制造费用为182 040元）。原始凭证№020。

№020

海湛股份有限公司制造费用分配表

2015年03月31日　　　　单位：元

应借科目		分配标准(生产工时)	分配率	应分配金额	备注
生产成本	A产品	4 000			
	B产品	6 000			
合　计		10 000			

会计主管：蒋榕　　　　审核：周正亿　　　　制表：刘明

（21）3月31日，结转本月完工入库产品成本（假定月初无在产品，1—20日没有发生直接计入生产成本的生产费用，本月投入生产的A、B产品全部完工入库）。原始凭证№021（1）、（2）。

№021（1）

海湛股份有限公司完工产品成本计算单

2015年03月31日　　单位：元

成本项目	A产品（8 750台）		B产品（549台）	
	总成本	单位成本	总成本	单位成本
直接材料				
直接人工				
制造费用				
合　计				

会计主管：蒋榕　　审核：周正亿　　制表：刘明

№021（2）

海湛股份有限公司产成品入库单

交库单位：生产车间　　2015年03月31日　　仓库02号

产品名称	规格与型号	质量等级	单位	数量	单位成本	金额	备注
A产品	ABC型	优	台	8 750			
B产品	BCD型	优	台	549			
合　计							

会计主管：蒋榕　　审核：周正亿　　制表：刘明

（22）3月31日，结转本月A、B产品的销售成本（1—20日销售A产品340台，销售B产品300台，产品出库单略）。原始凭证№022。

№022

海湛股份有限公司销售成本计算表

2015年03月31日　　单位：元

销售产品名称	单位	销售数量	单位成本	销售成本	备注
A产品	台		200.00		
B产品	台		2 000.00		
合　计					

会计主管：蒋榕　　审核：周正亿　　制表：刘明

（23）31日，将本月各损益类账户余额转入“本年利润”账户。原始凭证№023。

№023

海湛股份有限公司利润计算表

2015年03月31日　　单位：元

收入账户	发生额	费用账户	发生额
主营业务收入		主营业务成本	
其他业务收入		其他业务成本	
		销售费用	
		管理费用	
		财务费用	
合　计		合　计	

会计主管：蒋榕　　审核：周正亿　　制表：刘明

（24）31日，计算并结转本月所得税（所得税税率为25%，本月无纳税调整事项）。原始凭证№024。

№024

海湛股份有限公司应交所得税计算表

2015年03月31日　　单位：元

项　目	应纳税所得额	税　率	税　额	备　注
应交所得税		25%		
合　计				

会计主管：蒋榕　　审核：周正亿　　制表：刘明

【实验要求】

1.开设总分类账户并登记月初余额。科目汇总表每10天汇总一次，登记一次。根据科汇3—1、科汇3—2登记总分类账。

2.根据海湛股份有限公司2015年3月21—31日的各项经济业务填制并审核收、付、转记账凭证（截至3月20日，各类记账凭证的编号分别为：现收21号，银收38号，现付24号，银付39号，转字25号，总字147号）；将填制的记账凭证及其附件装订成册。

3.编制3月21—31日的科目汇总表，登记总分类账户，并进行结账。

4.月末结账后，应编制发生额及余额试算平衡表进行试算平衡，检查总分类账户登记是否正确。

5.本项实验需要收款凭证3张，付款凭证11张，转账凭证14张，会计凭证装订封面封底1套；三栏式总账账页32张，科目汇总表1张，具体实验材料见本书的“模拟实验材料”。

第六章 编制财务报告与整理会计档案

实验11 资产负债表和利润表的编制

【实验目的】

通过实验使学生掌握资产负债表、利润表的编制原理和方法。

【实验指导】

财务会计报告也称财务报告、会计报告，是企业对外提供的反映企业某一特定日期的财务状况和某一会计期间的经营成果、现金流量等会计信息的文件。

一、资产负债表的编制

（一）资产负债表年初余额栏的填列方法

资产负债表“年初余额”栏内各项数字，应根据上年末资产负债表“期末余额”栏内所列数字填列。如果上年度资产负债表规定的各个项目的名称和内容同本年度不相一致，应对上年年末资产负债表各项目的名称和数字按照本年度的规定进行调整，填入表中“年初余额”栏内。

（二）资产负债表期末余额栏的填列方法

资产负债表“期末余额”栏内各项数字，一般应根据资产、负债和所有者权益类科目的期末余额填列。主要包括以下方式：

1.根据总账科目的余额直接填列。资产负债表中的有些项目，可直接根据有关总账科目的余额填列，如“以公允价值计量且其变动计入当期损益的金融资产”、“短期借款”、“应付票据”、“应付职工薪酬”等项目。

2.根据总账科目的余额的代数和填列。如“货币资金”项目，需根据“库存现金”、“银行存款”、“其他货币资金”三个总账科目借方余额之和填列；“存货”项目，根据“原材料”、“库存商品”、“委托加工物资”、“周转材料”、“材料采购”、“在途物资”、“发出商品”、“生产成本”等总账科目期末借方余额之和减去“存货跌价准备”、“受托代销商品款”科目贷方余额之和的金额填列。如果企业还设有“材料成本差异”、“商品进销差价”账户，还要加或减“材料成本差异”、“商品进销差价”账户的期末余额。“长期股权投资”项目，应根据“长期股权投资”科目的期末余额减去“长期股权投资减值准备”科目余额后的净额填列；“固定资产”项目，应根据“固定资产”科目的期末余额减去“累计折旧”、“固定资产减值准备”科目余额后的净额填列；“无形资产”项目，应根据“无形资产”科目的期末余额，减去“累计摊销”、“无形资产减值准备”科目余额后的净额填列。

3.根据有关明细账科目的余额合计减去有关坏账准备期末余额填列。如“应付账款”项目，需要根据“应付账款”和“预付账款”两个科目所属的明细科目的期末贷方余额合计填列；“预收账款”项目，需要根据“应收账款”和“预收账款”两个科目所属明细科目的期末贷方余额合计填列。“应收账款”项目，需要根据“应收账款”和“预收账款”两个科目所属的明细科目的期末借方余额合计减去应收账款计提的坏账准备期末余额填列；“预付账款”项目，需要根据“应付账款”和“预付账款”两个科目所属明细科目的期末借方余额合计减去预付账款计提的坏账准备期末余额填列。

4.根据总账科目和明细账科目的余额分析计算填列。如“长期借款”项目，需根据“长期借款”总账科目余额扣除“长期借款”科目所属的明细科目中将在资产负债表日起一年内到期、且企业不能自主地将清偿义务展期的长期借款后的金额计算填列。

二、利润表的编制

（一）上期金额栏的填列方法

利润表“上期金额”栏内各项数字，应根据上年该期利润表“本期金额”栏内所列数字填列。如果上年该期利润表规定的各个项目的名称和内容同本期不相一致，应对上年该期利润表各项目的名称和数字按本期的规定进行调整，填入利润表“上期金额”栏内。

（二）本期金额栏的填列方法

利润表“本期金额”栏内各项数字一般应根据损益类科目的发生额分析或计算填列。

（三）本期金额栏各项目的填列方法

1.“营业收入”项目，应根据“主营业务收入”和“其他业务收入”科目的发生额分析填列。

2.“营业成本”项目，应根据“主营业务成本”和“其他业务成本”科目的发生额分析填列。

3.“营业税金及附加”项目，应根据“营业税金及附加”科目的发生额分析填列。

4.“销售费用”项目，应根据“销售费用”科目的发生额分析填列。

5.“管理费用”项目，应根据“管理费用”科目的发生额分析填列。

6.“财务费用”项目，应根据“财务费用”科目的发生额分析填列。

7.“资产减值损失”项目，应根据“资产减值损失”科目的发生额分析填列。

8.“公允价值变动收益”项目，应根据“公允价值变动损益”科目的发生额分析填列，如为净损失，本项目以“—”号填列。

9.“投资收益”项目，应根据“投资收益”科目的发生额分析填列。如为投资损失，本项目以“—”号填列。

10.“营业利润”项目，应根据下列公式计算填列：

营业利润＝营业收入－营业成本－营业税金及附加－销售费用－管理费用－财务费用－资产减值损失＋公允价值变动收益（“—”公允价值变动损失）＋投资收益（“—”投资损失）

如为亏损，本项目以“—”号填列。

11.“营业外收入”项目，应根据“营业外收入”科目的发生额分析填列。

12.“营业外支出”项目，应根据“营业外支出”科目的发生额分析填列。

13.“利润总额”项目，应根据下列公式计算填列：

利润总额＝营业利润＋营业外收入－营业外支出

如为亏损，本项目以“—”号填列。

14.“所得税费用”项目，应根据“所得税费用”科目的发生额分析填列。

15.“净利润”项目，应根据下列公式计算填列：

净利润＝利润总额－所得税费用

如为亏损，本项目以“—”号填列。

【实验资料】

海湛股份有限公司2015年3月份总分类账户月末余额及各损益类账户的本期发生额见实验10。

【实验要求】

1.假设海湛股份有限公司3月份的总分类账户与所属明细分类账户余额与方向相同、金额相等。编制2015年3月份的资产负债表（年初数略）和利润表（由于未提供2月份利润表，故本实验3月份利润表中“本期金额”栏可根据3月份数据填列，实际工作中应根据1–3月份的累计数计算填列）。

2.本实验需资产负债表、利润表各1张。

资产负债表

会企01表

编制单位：　　　　　　　　　　　　____年__月__日　　　　　　　　　　　　单位：元

资　　产	期末余额	年初余额	负债和所有者权益（或股东权益）	期末余额	年初余额
流动资产：			流动负债：		
货币资金			短期借款		
以公允价值计量且其变动计入当期损益的金融资产			以公允价值计量且其变动计入当期损益的金融负债		
衍生金融资产			衍生金融负债		
应收票据			应付票据		
应收账款			应付账款		
预付款项			预收款项		
应收利息			应付职工薪酬		
应收股利			应交税费		
其他应收款			应付利息		
存货			应付股利		
划分为持有待售的资产			其他应付款		
一年内到期的非流动资产			划分为持有待售的负债		
其他流动资产			一年内到期的非流动负债		
流动资产合计			其他流动负债		
非流动资产：			流动负债合计		
可供出售金融资产			非流动负债：		
持有至到期投资			长期借款		
长期应收款			应付债券		
长期股权投资			其中：优先股		
投资性房地产			永续债		
固定资产			长期应付款		
在建工程			长期应付职工薪酬		
工程物资			专项应付款		
固定资产清理			预计负债		
生产性生物资产			递延收益		
油气资产			递延所得税负债		
无形资产			其他非流动负债		
开发支出			非流动负债合计		
商誉			负债合计		
长期待摊费用			所有者权益（或股东权益）：		
递延所得税资产			实收资本（或股本）		
其他非流动资产			其他权益工具		
非流动资产合计			其中：优先股		
			永续债		
			资本公积		
			减：库存股		
			其他综合收益		
			专项储备		
			盈余公积		
			未分配利润		
			所有者权益（或股东权益）合计		
资产总计			负债和所有者权益（或股东权益）总计		

法定代表人：　　　　　　　　　　主管会计工作负责人：　　　　　　　　　　会计机构负责人：

利润表

会企02表

编制单位：　　　　　　　　　　　　　　　年　　月　　　　　　　　　　　　　　　单位：元

项　　目	本期金额	上期金额
一、营业收入		
减：营业成本		
营业税金及附加		
销售费用		
管理费用		
财务费用		
资产减值损失		
加：公允价值变动收益（损失以"—"号填列）		
投资收益（损失以"—"号填列）		
其中：对联营企业和合营企业的投资收益		
二、营业利润（亏损以"—"号填列）		
加：营业外收入		
其中：非流动资产处置利得		
减：营业外支出		
其中：非流动资产处置损失		
三、利润总额		
减：所得税费用		
四、净利润		
五、其他综合收益的税后净额		
(一) 以后不能重分类进损益的其他综合收益		
1.重新计量设定受益计划净负债或净资产的变动		
2.权益法下在被投资单位不能重分类进损益的其他综合收益中享有的份额		
(二) 以后将重分类进损益的其他综合收益		
1.权益法下在被投资单位以后将重分类进损益的其他综合收益中享有的份额		
2.可供出售金融资产公允价值变动损益		
3.持有至到期投资重分类为可供出售金融资产损益		
4.现金流量套期损益的有效部分		
5.外币财务报表折算差额		
6.其他		
六、综合收益总额		
七、每股收益：		
(一) 基本每股收益		
(二) 稀释每股收益		

法定代表人：　　　　　　　　　　主管会计工作负责人：　　　　　　　　　　会计机构负责人：

实验12　会计档案的装订及保管

【实验目的】

通过实验使学生掌握会计档案的装订及保管的要求和技术。

【实验指导】

一、会计档案的装订

会计档案是指各单位在进行会计核算过程中接收或形成的，记录和反映单位经济业务事项的，具有保存价值的文字、图表等各种形式的会计资料，一般包括会计凭证、会计账簿、财务会计报告以及其他会计资料。会计档案的装订主要包括会计凭证、会计账簿、会计报表及其他文字资料的装订。

（一）会计凭证的装订

1. 会计凭证装订前的准备工作

（1）分类整理，按顺序排列，检查日数、编号是否齐全。

（2）按凭证汇总日期归集（如按上、中、下旬汇总归集）确定装订成册的本数。

（3）摘除凭证内的金属物（如订书钉、大头针、回形针），对大的账页或附件要折叠成同记账凭证大小，且要避开装订线，以便翻阅保持数字完整。

（4）整理检查凭证顺序号，如有颠倒要重新排列，发现缺号要查明原因。再检查附件有否漏缺，领料单、入库单、工资、奖金发放单是否随附齐全。

（5）记账凭证上有关人员（如财务主管、复核、记账、制单等）的印章是否齐全。

（6）在装订之前，要设计一下，看一个月的记账凭证究竟订成几册为好。每册的厚薄应基本保持一致，厚度一般以1.5厘米～2.0厘米为宜。

2. 会计凭证装订时的要求

为了使装订成册的会计凭证外形美观，在装订时要考虑到凭证的整齐均匀，特别是装订线的位置，如果太薄时可用纸折一些三角形纸条，均匀地垫在此处，以保证它的厚度与凭证中间的厚度一致。在装订会计凭证时可以采用侧订法或角订法，侧订法的装订位置一般在凭证的左侧面；角订法的装订位置一般在凭证的左上角。由于角订法装订起来简单易行，实际工作中应用比较广泛，具体操作步骤如下：

（1）将凭证封面和封底裁开，分别附在凭证前面和后面，再拿一张质地相同的纸（可以再找一张凭证封皮，裁下一半用，另一半为订下一本凭证备用）放在封面上角，做护角线。

（2）在凭证的左上角画一边长为3~5厘米的等腰三角形，用夹子夹住，用装订机在底线上分布均匀地打两个眼儿，如下图①。

（3）用大针引线绳穿过两个眼儿。如果没有针，可以将回形别针顺直，然后将两端折向同一个方向，将线绳从中间穿过并夹紧，即可把线引过来，因为一般装订机打出的眼儿是可以穿过的。

（4）在凭证的背面打线结。线绳最好在凭证中端系上。

（5）将护角向左上侧折，并将一侧剪开至凭证的左上角，然后抹上胶水，如下图②。

（6）向后折叠，并将侧面和背面的线绳扣粘死，如下图③。

（7）待晾干后，在凭证本的脊背上面写上“某年某月第几册共几册的字样。装订人在装订线封签处签名或者盖章，如下图④。

凭证应该按月从1号开始顺序编号，如果单位的凭证太少，也可以考虑按年从1号开始顺序编号。

3. 会计凭证装订后的注意事项

（1）每本封面上填写好凭证种类、起止号码、凭证张数、会计主管人员和装订人员签章；

（2）在封面上编好卷号，按编号顺序入柜，并要在显要处标明凭证种类编号，以便于调阅。

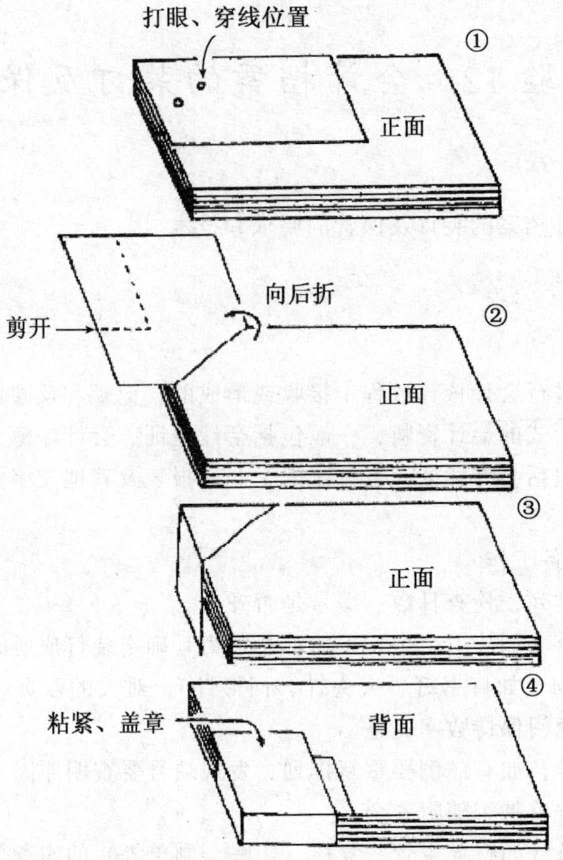

会计凭证装订方法

（二）会计账簿的装订

各种会计账簿年度结账后，除跨年使用的账簿外，其他账簿应按时整理立卷。

1.账簿装订前的要求

（1）按账簿启用表的使用页数核对各个账户是否相符，账页数是否齐全，序号排列是否连续。

（2）按会计账簿封面、账簿启用表、账户目录、该账簿按页数顺序排列的账页、会计账簿装订封底的顺序装订。

2.活页账簿装订要求

（1）保留已使用过的账页，将账页数填写齐全，去除空白页和撤掉账夹，用质量好的牛皮纸做封面、封底，装订成册。

（2）多栏式活页账、三栏式活页账、数量金额式活页账等不得混装，应按同类业务、同类账页装订在一起。

（3）在账本的封面上填写好账目的种类，编好卷号，会计主管人员和装订人（经办人）签章。

3.账簿装订后的其他要求

（1）会计账簿应牢固、平整，不得有折角、缺角，错页、掉页或者加空白纸的现象。

（2）会计账簿的封口要严密，封口处要加盖有关印章。

（3）封面应齐全、平整，并注明所属年度及账簿名称、编号，编号为一年一编，编号顺序为总账、库存现金日记账、银行存（借）款日记账、分户明细账。

（4）会计账簿按保管期限分别编制卷号，如库存现金日记账全年按顺序编制卷号；总账、各类明细账、辅助账全年按顺序编制卷号。

（三）会计报表的装订

会计报表编制完成及时报送后，留存的报表按月装订成册谨防丢失。小企业可按季装订成册。

1.会计报表装订前要按编报目录核对是否齐全，整理报表页数，上边和左边对齐压平，防止折角，如有损坏部位修补后，完整无缺地装订。

2.会计报表装订顺序为：会计报表封面、会计报表编制说明、各种会计报表按会计报表的编号顺序排列、会计报表的封底。

3.按保管期限编制卷号。

二、会计档案的保管

（一）会计档案的归档要求

1.各单位每年形成的会计档案，应当由会计机构按照归档要求，负责整理立卷，装订成册，编制会计档案保管清册。采用电子计算机进行会计核算的单位，应当保存打印出的纸质会计档案。单位内部形成的电子会计资料，同时满足下列条件的，可仅以电子形式归档保存：（1）电子会计资料来源真实有效，由相应的信息系统生成和传输；（2）使用的会计核算系统能够准确、完整、有效接收和读取电子会计资料数据；能够输出符合归档格式的会计凭证、账簿、报表等会计资料；设定并履行了经办、审核、审批等必要的电子签证程序；（3）使用的档案管理系统能够有效接收、管理、利用电子会计档案数据，符合电子数据长期保管要求，并建立了电子会计档案与相应纸质会计档案的索引关系；（4）采取有效措施，防止电子会计档案数据被篡改；（5）建立电子会计档案备份制度，能够有效防范自然灾害、意外事故和人为破坏的影响；（6）不属于永久保存的会计档案。

2.当年形成的会计档案，一般应当在会计年度终了后半年内，由单位会计机构向档案机构或档案工作人员进行移交。因工作需要确需推迟移交、由会计机构临时保管的，应当经档案机构或档案工作人员所属机构同意，且最多不超过三年。

3.会计档案应当由本单位档案机构统一保管；未设立档案机构的，应当在会计机构内部指定专人保管。出纳人员不得兼管会计档案。

4.移交本单位档案机构保管的会计档案，原则上应当保持原卷册的封装。个别需要拆封重新整理的，档案机构应当会同会计机构和经办人员共同拆封整理，以分清责任。

（二）会计档案的保管要求

1.会计档案保管的注意事项

会计档案保管应注意以下事项：

（1）会计档案室应选择在干燥防水的地方，并远离易燃品堆放地，周围应备有适应的防火器材。

（2）采用透明塑料膜作防尘罩、防尘布，遮盖所有档案架和堵塞鼠洞。

（3）会计档案室内应经常用消毒药剂喷洒，经常保持清洁卫生，以防虫蛀。

（4）会计档案室保持通风透光，并有适当的空间、通道和查阅地方，以利查阅，并防止潮湿。

（5）设置归档登记簿、档案目录登记簿、档案借阅登记簿，严防毁坏损失、散失和泄密。

（6）会计电算化档案保管要注意防盗、防磁等安全措施。

2.会计档案的保管期限

会计档案的保管期限分为永久和定期两类。定期保管期限分为10年、30年两类。保管期限从会计年度终了后的第一天算起。企业和其他组织会计档案保管期限（财政总预算、行政单位、事业单位和税收会计档案保管期限略）见下表：

企业和其他组织会计档案保管期限表

序号	档案名称	保管期限	备注
一	**会计凭证**		
1	原始凭证	30年	
2	记账凭证	30年	
二	**会计账簿**		

续表

序号	档案名称	保管期限	备注
3	总账	30年	
4	明细账	30年	
5	日记账	30年	
6	固定资产卡片		固定资产报废清理后保管5年
7	其他辅助性账簿	30年	
三	**财务会计报告**		
8	月度、季度、半年度财务会计报告	10年	
9	年度财务会计报告	永久	
四	**其他会计资料**		
10	银行存款余额调节表	10年	
11	银行对账单	10年	
12	纳税申报表	10年	
13	会计档案移交清册	30年	
14	会计档案保管清册	永久	
15	会计档案销毁清册	永久	
16	会计档案鉴定意见书	永久	

（三）会计档案的销毁

单位应当定期对已到保管期限的会计档案进行鉴定，并形成会计档案鉴定意见书。经鉴定，仍需继续保存的会计档案，应当重新划定保管期限；对保管期满，确无保存价值的会计档案，可以销毁。

保管期满但未结清的债权债务会计凭证和涉及其他未了事项的会计凭证不得销毁，纸质会计档案应当单独抽出立卷，电子会计档案单独转存，一直保管到未了事项完结时为止。

单独抽出立卷或转存的会计档案，应当在会计档案鉴定意见书、会计档案销毁清册和会计档案保管清册中列明。

【实验资料】

以实验4、5、10、11的会计凭证、会计账簿和财务报表为资料。

【实验要求】

会计档案要装订得整齐、美观。

第七章　基础会计学综合模拟实验

实验13* 基础会计学综合模拟实验

一、实验目的

通过本综合实验，可使学生在前述几个单项实验的基础上，通过独立实验操作，熟悉一个企业一段时期（如一个月）的账务处理程序，提高识别原始凭证、编制记账凭证、登记会计账簿和编制会计报表的操作技能，从而达到理论联系实际、适应日后工作需要的目的。

二、实验要求

1.根据实验资料开设总分类账户和明细分类账户（本实验只要求开设库存现金、银行存款日记账；应收账款、应付票据、应付账款、应交税费三栏式明细账；库存商品数量金额式明细账；生产成本、管理费用、利润分配多栏式明细账，其他明细账从略），登记期初余额。

2.根据实验资料所列交易或事项编制通用记账凭证。

3.根据审核无误的记账凭证及所附原始凭证逐笔登记日记账和有关明细分类账。

4.根据记账凭证，每15天编制一张科目汇总表，并据以登记总分类账。

5.月终对账、试算平衡、月末结账。

6.根据账簿资料编制资产负债表、利润表。

7.整理装订凭证、账簿、报表。

三、实验条件

1.通用记账凭证48张。

2.所需账页有：三栏式明细账9张、多栏式明细账4张、进销存（数量金额式）明细账5张、库存现金日记账1张、银行存款日记账1张、三栏式总账37张、科目汇总表3张。

3.资产负债表1张、利润表1张。

4.凭证封面封底2套，线绳及装订用具等适量。

具体实验材料见本书的“模拟实验材料”。

四、实验资料

（一）企业基本情况

见第一章。

（二）2014年11月末各总分类账户、明细分类账户余额及相关数量指标

2014年11月末各总分类账户、明细分类账户余额及相关数量指标如下（单位：元）：

总账账户	明细账户	借方余额	贷方余额	账页格式	备　注
库存现金		2 560.00		三栏式	
银行存款		502 500.00		三栏式	
以公允价值计量且其变动计入当期损益的金融资产		100 000.00		三栏式	
应收账款		250 000.00		三栏式	
	湛化公司	220 000.00		三栏式	

续表

总账账户	明细账户	借方余额	贷方余额	账页格式	备　注
	湛宝公司	30 000.00		三栏式	
预付账款		54 200.00		三栏式	
其他应收款		38 400.00		三栏式	
原材料		1 688 000.00		三栏式	
	甲材料	524 000.00		数量金额式	@20,26200千克
	乙材料	660 000.00		数量金额式	@10,66000千克
	丙材料	504 000.00		数量金额式	@210,2400件
库存商品		1 581 640.00		三栏式	
	A产品	722 800.00		数量金额式	@278,2600件
	B产品	858 840.00		数量金额式	@2526,340件
固定资产		5 472 000.00		三栏式	
	房屋	2 490 000.00		三栏式	
	机器设备	2 145 000.00		三栏式	
	运输工具	837 000.00		三栏式	
累计折旧			2 685 000.00	三栏式	
无形资产		11 077 700.00		三栏式	
短期借款			280 000.00	三栏式	
应付票据			180 000.00	三栏式	
	永信公司		180 000.00	三栏式	
应付账款			267 000.00	三栏式	
	湛兴公司		250 000.00	三栏式	
	湛南公司		17 000.00	三栏式	
应付职工薪酬			49 200.00	三栏式	
应交税费			167 200.00	三栏式	
	未交增值税		87 000.00	三栏式	
	应交消费税		49 200.00	三栏式	
	应交所得税		31 000.00	三栏式	
应付股利			56 400.00	三栏式	
其他应付款			6 400.00	三栏式	
长期借款			400 000.00	三栏式	
股本			14 170 000.00	三栏式	
资本公积			191 680.00	三栏式	
盈余公积			616 620.00	三栏式	
本年利润			1 344 020.00	三栏式	
利润分配			353 480.00	三栏式	
	未分配利润		353 480.00	多栏式	
合　计		20 767 000.00	20 767 000.00		

（三）2014年1—11月损益类账户累计发生额

2014年1—11月损益类账户累计发生额见下表（单位：元）：

科　目	发生额	
	借　方	贷　方
主营业务收入		12 625 000.00
其他业务收入		26 200.00
营业外收入		12 400.00
投资收益		42 600.00
主营业务成本	9 665 000.00	
其他业务成本	18 400.00	
营业税金及附加	623 170.00	
管理费用	237 220.00	
销售费用	78 400.00	
财务费用	69 400.00	
营业外支出	8 610.00	
所得税费用	661 980.00	
合　计	11 362 180.00	12 706 200.00

（四）海湛股份有限公司2014年12月份发生如下经济业务事项：

1.2日，接受海湛宏达股份有限公司货币资金投资300 000元，存入银行。原始凭证№001（1）、（2）、（3）。

2.3日，企业为扩大业务经营向银行申请取得2年期借款200 000元，存入银行。原始凭证№002。

3.4日，向海湛市益盛公司购入甲材料3 000千克，每千克20元，计货款60 000元，增值税10 200元。材料已验收入库，款项以银行存款支付。原始凭证№003（1）、（2）、（3）、（4）。

4.4日，以银行存款支付产品广告费8 000元。原始凭证№004（1）、（2）。

5.4日，销售给市湛化公司A产品1 000件，每件售价380元，货款合计380 000元，增值税64 600元。产品已发出，货款尚未收到。原始凭证№005（1）、（2）。

6.5日，以银行存款购买不需安装的机器设备一台，价款20 000元，增值税3 400元。原始凭证№006（1）、（2）、（3）、（4）。

7.5日，出纳员签发现金支票提取现金2 000元备用。原始凭证№007。

8.7日，行政部员工王华出差预借差旅费800元。原始凭证№08。

9.8日，收到湛宝公司上月所欠购货款30 000元，已办妥进账手续。原始凭证№009。

10.9日，收到市湛化公司本月4日购买A产品货款444 600元，已办妥进账手续。原始凭证№010。

11.9日，向湛兴公司购进甲材料2 000千克，单价20.00元／千克，计40 000元；乙材料3 000千克，单价10.00元／千克，计30 000元，材料验收入库。以银行存款支付材料款70 000元，增值税11 900元，运杂费500元（按材料重量比例分配）。原始凭证№011（1）、（2）、（3）、（4）、（5）。

12.10日，向银行提取现金49 200元，准备发放上月工资。原始凭证№012。

13.10日，以现金支付上月份职工工资49 200元。原始凭证№013。

14.10日，王华出差归来，报销差旅费740元，交回现金60元，结清本月预借的差旅费。原始凭证№014（1）、（2）。

15.10日，以现金支付办公用品费440元，其中生产车间200元，行政管理部门240元。原始凭证№015。

16.10日，以银行存款偿付以前开给永信公司到期的商业汇票款180 000元。原始凭证№016。

17.10日，向银行申请取得为期6个月的借款100 000元，存入银行。原始凭证№017。

18.10日，以银行存款交纳上月未交增值税87 000元，消费税49 200元，所得税31 000元。原始凭证№018（1）、（2）。

19.15日，为生产A产品领用甲材料4 000千克，单位成本20元／千克；乙材料22 000千克，单位成本10元／千克。为生产B产品领用甲材料800千克，单位成本20元／千克；丙材料600件，单位成本210元／件。原始凭证№019（1）、（2）。

20.15日，销售给东方公司B产品120件，每件售价3 260元，计货款391 200元，增值税66 504元。产品已发出，货款收到存入银行。原始凭证№020（1）、（2）、（3）。

21.16日，9月16日向银行申请借入的120 000元借款到期，以银行存款偿还。原始凭证№021。

22.17日，以银行存款支付行政管理部门机器设备维修费1 600元。原始凭证№022（1）、（2）。

23.18日，销售给长城公司A产品500件，每件售价380元；B产品80件，每件售价3 260元，增值税总计76 636元。产品已发出，收到长城公司开户银行开出为期三个月的银行承兑汇票一张。原始凭证№023（1）、（2）、（3）、（4）。

24.20日，从向阳公司购进乙材料8 000千克，单价10元／千克，计80 000元；丙材料500件，每件210元／件，计105 000元，增值税总计31 450元。材料运到验收入库，开出三个月期限的商业汇票。原始凭证№024（1）、（2）、（3）、（4）。

25.22日，以银行存款支付生产车间水电费7 392元（计入当月费用）。原始凭证№025（1）、（2）、（3）、（4）、（5）、（6）。

26.25日，以现金报销招待费1 500元。原始凭证№026（1）、（2）。

27.25日，为生产A产品领用甲材料2 000千克，单位成本20元／千克，乙材料18 000千克，单位成本10元／千克；为生产B产品领用甲材料2 000千克，单位成本20元／千克，丙材料800件，单位成本210元／件。原始凭证№027（1）、（2）。

28.30日，月末财产清查发现甲材料盘盈20千克，计400元；B产品盘亏1件，计2 526元，待批准处理。原始凭证№028。

29.30日，经核查应付湛南公司的货款17 000元，已确认无法支付，经批准转作营业外收入。原始凭证№029。

30.30日，经批准盘盈甲材料由本企业转销，盘亏B产品作本企业损失。原始凭证№030。

31.31日，按规定计提本月固定资产折旧29 000元。其中：生产用固定资产折旧22 000元，非生产用固定资产折旧7 000元。原始凭证№031。

32.31日，分配本月发放的职工工资49 200元。其中：生产A产品工人工资22 400元，生产B产品工人工资13 552元，车间管理人员工资5 400元，行政管理人员工资7 848元。原始凭证№032。

33.31日，将本月发生的制造费用按生产工时比例分配转入A、B产品制造成本。原始凭证№033。

34.31日，计算结转本月完工入库A产品2 000件、B产品152件的制造成本（假定本月A、B产品全部完工）。原始凭证№034（1）、（2）。

35.31日，计提本月短期借款利息4 400元。原始凭证№035。

36.31日，按B产品销售收入的10%计算应交消费税（城市维护建设税和教育费附加略），结转本月未交增值税。原始凭证№036。

37.31日，结转本月已售A、B产品的销售成本（假定该公司存货发货时按先进先出法）。原始凭证№037。

38.31日，将12月份各损益类账户余额转入“本年利润”账户。原始凭证№038。

39.31日，计算并结转本月所得税（税率为25%，本期无纳税调整事项）。原始凭证№039。

40.31日，按全年税后利润的10%提取法定盈余公积。原始凭证№040。

41.31日，按全年税后利润的40%计算应付投资者利润。原始凭证№041。

42.31日，将“本年利润”和“利润分配”各明细账户结转到“利润分配——未分配利润”账户。

（五）附原始凭证

№001（1）

投资协议书（摘要）

投资单位：海湛宏达股份有限公司

被投资单位：海湛股份有限公司

经双方协商，海湛股份有限公司同意海湛宏达股份有限公司以货币资金投资，投资额300 000元，享有海湛股份有限公司注册资本2.07%的股权。每年按此比例分享海湛股份有限公司的净利润。

投资人（签章）：海湛宏达股份有限公司（印章：海湛宏达股份有限公司）
2014年11月30日

接受投资人（签章）：海湛股份有限公司（印章：海湛股份有限公司）
2014年11月30日

№001（2）

出资证明书

2014年12月02日　　　　第3号

投资单位：海湛宏达股份有限公司		投资日期：2014年12月02日	
投资项目（名称）	评估价值	确认股本（股）	备注
货币资金	300 000.00	3 000	
投资金额合计人民币（大写）：叁拾万元整			¥300 000.00

接受单位：（印章：海湛股份有限公司 财务专用章）　　负责人：刘海　　制单：周红

№001（3）

中国工商银行进账单（收款通知）　3

2014年12月02日　　　　第41号

出票人	全　称	海湛宏达股份有限公司	收款人	全　称	海湛股份有限公司
	账　号	62212738		账　号	83852658
	开户银行	海湛市城市银行		开户银行	工商银行跃进支行
金额	人民币（大写）：叁拾万元整			百十万千百十元角分	¥ 3 0 0 0 0 0 0 0
票据种类	转账支票	票据张数	壹		
票据号码	33456780				
复核 周正亿　记账 刘明				收款人开户行签章（印章：中国工商银行 海湛市跃进支行 2014.12.02 转讫）	

此联是收款人开户银行给收款人的收账通知

№002

中国工商银行借款借据（代收账通知）

贷款单位	海湛股份有限公司	贷款申请书编号		贷款账号	83852658	存款账号	83852658

贷款金额	人民币（大写）：贰拾万元整	百	十	万	千	百	十	元	角	分	还款日期	2016年12月03日
		¥	2	0	0	0	0	0	0	0		

银行核定金额	人民币（大写）：贰拾万元整	银行核定还款日期	2016年12月03日
		银行实际放出日期	2014年12月03日

兹向你行贷到上列款项，到期时请凭此借据从本单位存款账户内收回。 此致 贷款单位（章）　法人代表 刘海	上列贷款已按银行核定金额发放，并收入你单位账户。 此致 银行盖章　年　月　日

还款记录	日期	还款金额	未还金额	记账员	复核员	日期	还款金额	未还金额	记账员	复核员

海湛股份有限公司 财务专用章

中国工商银行 海湛市跃进支行 2014.12.03 转讫

№003（1）

中国工商银行（粤）
转账支票存根
NO. 226555868

附加信息

出票日期2014年12月04日

收款人：	海湛市益盛公司
金　额：	¥70 200.00
用　途：	购材料

单位主管：刘海　会计：刘明

№003（2）

广东增值税专用发票

抵扣联

（印章：全国统一发票监制章 国家税务总局监制）

4400084197　　　　№00186599

校验码 16067 41833 98038 80648　　　　开票日期：2014年12月04日

购买方	名　　称：海湛股份有限公司 纳税人识别号：440812001765425 地　址、电　话：海湛市寸宝路88号 0788-3533071 开户银行及账号：工行海湛市跃进支行 83852658	密码区	-3>7—98209—8<*>9*29　加密版本 01 <2>/81+1764/-6<91>-93　4400084197 >60+4433><43<3>*61353　00186599 789---26>7/68>/7/>>*>

货物或应税劳务、服务名称	规格型号	单位	数量	单价	金额	税率	税额
甲材料		千克	3 000	20.00	60 000.00	17%	10 200.00
合　计					¥60 000.00		¥10 200.00
价税合计（大写）	⊗柒万零贰佰元整						（小写）¥70 200.00

销售方	名　　称：海湛市益盛公司 纳税人识别号：440812012309800 地　址、电　话：海湛市霞赤路18号 0788-3533800 开户银行及账号：工行海湛市民有支行 90289431	备注	（印章：海湛市益盛公司 440812012309800 发票专用章）

收款人：张安知　　复核：刘鹏飞　　开票人：钟小辉　　销售方：（章）

第二联：抵扣联　购买方扣税凭证

№003（3）

广东增值税专用发票

发票联

（印章：全国统一发票监制章 国家税务总局监制）

4400084197　　　　№00186599

校验码 16067 41833 98038 80648　　　　开票日期：2014年12月04日

购买方	名　　称：海湛股份有限公司 纳税人识别号：440812001765425 地　址、电　话：海湛市寸宝路88号 0788-3533071 开户银行及账号：工行海湛市跃进支行 83852658	密码区	-3>7—98209—8<*>9*29　加密版本 01 <2>/81+1764/-6<91>-93　4400084197 >60+4433><43<3>*61353　00186599 789---26>7/68>/7/>>*>

货物或应税劳务、服务名称	规格型号	单位	数量	单价	金额	税率	税额
甲材料		千克	3 000	20.00	60 000.00	17%	10 200.00
合　计					¥60 000.00		¥10 200.00
价税合计（大写）	⊗柒万零贰佰元整						（小写）¥70 200.00

销售方	名　　称：海湛市益盛公司 纳税人识别号：440812012309800 地　址、电　话：海湛市霞赤路18号 0788-3533800 开户银行及账号：工行海湛市民有支行 90289431	备注	（印章：海湛市益盛公司 440812012309800 发票专用章）

收款人：张安知　　复核：刘鹏飞　　开票人：钟小辉　　销售方：（章）

第三联：发票联　购买方记账凭证

№003（4）

供货单位：海湛市益盛公司

海湛股份有限公司收料单

材料类别：原材料

发票号码：00186599　　2014年12月04日　　材料仓库：3

材料编号	材料名称(规格)	单位	数量		实际成本											
			应收	实收	单价	发票价格	运杂费	金额								
								百	十	万	千	百	十	元	角	分
	甲材料	千克	3 000	3 000	20.00	60 000				6	0	0	0	0	0	0
合　计									¥	6	0	0	0	0	0	0
备注																

第二联：记账联

记账：张金锭　　主管：王月　　验收：吴明君　　采购：李云飞

№004（1）

中国工商银行（粤）

转账支票存根

NO. 226555869

附加信息

出票日期2014年12月04日

收款人：	海湛市大厦文化传播有限公司
金　额：	¥8 000.00
用　途：	广告费

单位主管：刘海　　会计：刘明

№004（2）

广东增值税普通发票

全国统一发票监制章 广东 国家税务总局监制

4400084321　　发票联　　№00326588

校验码 32068 30833 22036 95649　　开票日期：2014年12月04日

购买方	名　　称：海湛股份有限公司 纳税人识别号：440812001765425 地　址、电　话：海湛市寸宝路88号 0788-3533071 开户银行及账号：工行海湛市跃进支行3852658	密码区	-/*>1—98209—8<*>9*28/457/*-+7588/**/+-> /81+1764/-6<91>-93*//823368745*+-*906+ 4433><43<3>*61334-　*/+//87569213/1/54--- 26>7/68>/7/>>*>/89/*-9754613/*3

货物或应税劳务、服务名称	规格型号	单位	数量	单价	金额	税率	税额
广告费					7 547.17	17%	432.83
合　计					¥7 547.17		¥432.83
价税合计（大写）	⊗捌仟元整						（小写）¥8 000.00

销售方	名　　称：海湛市大厦文化传播有限公司 纳税人识别号：440811012611798 地　址、电　话：海湛市人民大道南8号 0788-2754888 开户银行及账号：工行海湛市人民大道支行3850798	备注	海湛市大厦文化传播有限公司 4408110126117989 发票专用章

第二联：发票联　购买方记账凭证

收款人：刘　朋　　复核：王　昕　　开票人：李　兴　　销售方：（章）

№005（1）

广东增值税专用发票

4400084188　　　　此联不作报销、扣税凭证使用　　　　№00286255

校验码 13067 92833 95038 94648　　　　开票日期：2014年12月04日

购买方	名　　称：海湛市湛化公司 纳税人识别号：440812068717984 地　址、电　话：海湛市湖光路8号 0788-2867890 开户银行及账号：海湛市商业银行 68717984				密码区	-3>7—98209—8<*>9*29 <2>/81+1764/-6<91>-93 >60+4433><43<3>*61353 654---26>7/68>/7/>>*>	加密版本 01 4400084188 00286255

货物或应税劳务、服务名称	规格型号	单位	数量	单价	金额	税率	税额
A产品		件	1 000	380.00	380 000.00	17%	64 600.00
合　计					¥380 000.00		¥64 600.00
价税合计（大写）	⊗肆拾肆万肆仟陆佰元整					（小写）¥444 600.00	

销售方	名　　称：海湛股份有限公司 纳税人识别号：440812001765425 地　址、电　话：海湛市寸宝路88号 0788-3533071 开户银行及账号：工行海湛市跃进支行 83852658	备注	

收款人：黄　江　　复核：刘　明　　开票人：钟　月　　销售方：（章）

第一联：记账联　销售方记账凭证

№005（2）

海湛股份有限公司产品出库单

用途：销售　　　　2014年12月04日　　　　存放地点：1号库

品名及规格	单位	数量	单位成本	金额	备注
A产品	件	1 000	278.00	278 000.00	
合　计		1 000		¥278 000.00	

记账：张金锭　　保管：吴明君　　检验：张君伟　　制单：朱林

第二联：记账联

№006（1）

广东增值税专用发票

4400066188　　　　抵　扣　联　　　　№00189877

校验码 23067 12833 45038 34648　　　　开票日期：2014年12月05日

购买方	名　　称：海湛股份有限公司 纳税人识别号：440812001765425 地　址、电　话：海湛市寸宝路88号 0788-3533071 开户银行及账号：工行海湛市跃进支行 83852658				密码区	-9>8—98209—8<*>9*28 <2>/81+1764/-6<91>-93 >60+4433><43<3>*61353 654---26>7/68>/7/>>*>	加密版本 01 4400066188 00189877

货物或应税劳务、服务名称	规格型号	单位	数量	单价	金额	税率	税额
电动机床	DD-181	台	1	20 000	20 000.00	17%	3 400.00
合　计					¥20 000.00		¥3 400.00
价税合计（大写）	⊗贰万叁仟肆佰元整					（小写）¥23 400.00	

销售方	名　　称：海湛市机电公司 纳税人识别号：440812012309899 地　址、电　话：海湛市霞海路28号 0788-3866066 开户银行及账号：工行海湛市霞海支行 90289488	备注	

收款人：王江　　复核：刘天一　　开票人：王月明　　销售方：（章）

第二联：抵扣联　购买方扣税凭证

№006（2）

全国统一发票监制章 广东 国家税务总局监制

广东增值税专用发票

4400066188　　发　票　联　　№00189877

校验码 23067 12833 45038 34648　　开票日期：2014年12月05日

购买方	名　　称：海湛股份有限公司 纳税人识别号：440812001765425 地　址、电　话：海湛市寸宝路88号 0788-3533071 开户银行及账号：工行海湛市跃进支行 83852658			密码区	-9>8—98209—8<*>9*28 <2>/81+1764/-6<91>-93 >60+4433><43<3>*61353 654---26>7/68>/7/>>*>	加密版本01 4400066188 00189877	
货物或应税劳务、服务名称	规格型号	单位	数量	单价	金额	税率	税额
电动机床	DD-181	台	1	20 000	20 000.00	17%	3 400.00
合　计					￥20 000.00		￥3 400.00
价税合计（大写）	⊗贰万叁仟肆佰元整					（小写）￥23 400.00	
销售方	名　　称：海湛市机电公司 纳税人识别号：440812012309899 地　址、电　话：海湛市霞海路28号 0788-3866066 开户银行及账号：工行海湛市霞海支行 90289488			备注	海湛市机电公司 440812012309899 发票专用章		

收款人：王江　　复核：刘天一　　开票人：王月明　　销售方：（章）

第三联：发票联　购买方记账凭证

№006（3）

类型：机器设备　　**海湛股份有限公司固定资产入库单**　　编号：090888

发票：00189877　　2014年12月05日　　来源：海湛市机电公司

名称	规格	单位	数量		实际成本				备注
			应收	实收	单价	总价	运杂费	小计	
电动机床	DD-181	台	1	1	20 000.00	20 000.00		20 000.00	
合计人民币(大写)	贰万元整				￥20 000.00				

供销主管：李庆　　采购：李云飞　　验收保管：韩雪

№006（4）

中国工商银行（粤）

转账支票存根

NO. 22655871

附加信息

出票日期 2014年12月05日

收款人：	海湛市机电公司
金　额：	￥23 400.00
用　途：	购电动机床

单位主管：刘海　　会计：刘明

№007

中国工商银行（粤）
现金支票存根
NO. 12266586

附加信息

出票日期 2014年12月05日

收款人：	海湛股份有限公司
金　额：	￥2 000.00
用　途：	备用金

单位主管：刘海　会计：刘明

№008

海湛股份有限公司借款单

日期：2014年12月07日

部门名称	行政部		借款人	王华							
借款用途	出差										
借款金额(大写)	人民币捌佰元整　现金付讫			拾	万	仟	佰	拾	元	角	分
						￥	8	0	0	0	0
批准人	刘海	会计	刘明	出纳	黄江						

第一联：记账联

№009

中国工商银行**进账单**（收款通知）　**3**

2014年12月08日　第41号

出票人	全　称	海湛市湛宝公司	收款人	全　称	海湛股份有限公司
	账　号	83856303		账　号	83852658
	开户银行	工商银行跃进支行		开户银行	工商银行跃进支行

		百	十	万	千	百	十	元	角	分
金额	人民币(大写)：叁万元整		￥	3	0	0	0	0	0	0

票据种类	转账支票	票据张数	壹
票据号码	1768006		

复核 周正亿　记账 刘明

中国工商银行
海湛市跃进支行
2014.12.08
转
讫

收款人开户行签章

此联是收款人开户银行交给收款人的收账通知

№010

中国工商银行**进账单**（收款通知） 3

2014年12月09日　　　　第41号

出票人	全　　称	海湛市湛化公司	收款人	全　　称	海湛股份有限公司
	账　　号	68717984		账　　号	83852658
	开户银行	海湛市商业银行		开户银行	工商银行跃进支行

金额	人民币（大写）：肆拾肆万肆仟陆佰元整	百	十	万	千	百	十	元	角	分
		¥	4	4	4	6	0	0	0	0

票据种类	转账支票	票据张数	壹
票据号码	7980119		

复核 周正亿　　记账 刘明

中国工商银行 海湛市跃进支行 2014.12.08 转讫

收款人开户行签章

此联是收款人开户银行交给收款人的收账通知

№011（1）

中国工商银行（粤）

转账支票存根

NO. 22658873

附加信息

出票日期 2014年12月09日

收款人：	海湛市湛兴公司
金　额：	¥82 400.00
用　途：	购材料

单位主管：刘海　　会计：刘明

№011（2）

供货单位：海湛市湛兴公司

海湛股份有限公司收料单

材料类别：原材料

发票号码：02245825

2014年12月09日

材料仓库：3

材料编号	材料名称（规格）	单位	数量 应收	数量 实收	实际成本 单价	发票价格	运杂费	金额 百	十	万	千	百	十	元	角	分
	甲材料	千克	2 000	2 000	20.00	40 000	200			4	0	2	0	0	0	0
	乙材料	千克	3 000	3 000	10.00	30 000	300			3	0	3	0	0	0	0
合　计									¥	7	0	5	0	0	0	0
备注																

第二联：记账联

记账：张金锭　　主管：王月　　验收：吴明君　　采购：李云飞

№011（3）

广东增值税专用发票

全国统一发票监制章 广东 国家税务总局监制

抵 扣 联

4400084100　　　　　　　　　　　　　　　　　　　　　　№02245825

校验码 23011 12822 45033 34644　　　　　　　　　　　开票日期：2014年12月09日

购买方	名称：海湛股份有限公司 纳税人识别号：440812001765425 地址、电话：海湛市寸宝路88号 0788-3533071 开户银行及账号：工行海湛市跃进支行 83852658			密码区	+6>1—98209—8<*>9*28 <2>/81+1764/-6<91>-93 >60+4433><43<3>*61334 654---26>7/68>/7/>>*>		加密版本 01 4400084100 02245825
货物或应税劳务、服务名称	规格型号	单位	数量	单价	金额	税率	税额
甲材料		千克	2 000	20.00	40 000.00	17%	6 800.00
乙材料		千克	3 000	10.00	30 000.00	17%	5 100.00
合　计					¥70 000.00		¥11 900.00
价税合计（大写）	⊗捌万壹仟玖佰元整						（小写）¥81 900.00
销售方	名称：海湛市湛兴公司 纳税人识别号：440812012611217 地址、电话：海湛市霞赤路12号 0788-3533979			备注	海湛市湛兴公司 440812012611217 发票专用章		

收款人：黄江　　　　复核：刘明　　　　开票人：钟月　　　　销售方：（章）

第二联：抵扣联　购买方扣税凭证

№011（4）

广东增值税专用发票

全国统一发票监制章 广东 国家税务总局监制

发 票 联

4400084100　　　　　　　　　　　　　　　　　　　　　　№02245825

校验码 23011 12822 45033 34644　　　　　　　　　　　开票日期：2014年12月09日

购买方	名称：海湛股份有限公司 纳税人识别号：440812001765425 地址、电话：海湛市寸宝路88号 0788-3533071 开户银行及账号：工行海湛市跃进支行 83852658			密码区	+6>1—98209—8<*>9*28 <2>/81+1764/-6<91>-93 >60+4433><43<3>*61334 654---26>7/68>/7/>>*>		加密版本 01 4400084100 02245825
货物或应税劳务、服务名称	规格型号	单位	数量	单价	金额	税率	税额
甲材料		千克	2 000	20.00	40 000.00	17%	6 800.00
乙材料		千克	3 000	10.00	30 000.00	17%	5 100.00
合　计					¥70 000.00		¥11 900.00
价税合计（大写）	⊗捌万壹仟玖佰元整						（小写）¥81 900.00
销售方	名称：海湛市湛兴公司 纳税人识别号：440812012611217 地址、电话：海湛市霞赤路12号 0788-3533979 开户银行及账号：工行海湛市跃进支行 83857256			备注	海湛市湛兴公司 440812012611217 发票专用章		

收款人：黄江　　　　复核：刘明　　　　开票人：钟月　　　　销售方：（章）

第三联：发票联　购买方记账凭证

№011（5）

货物运输业增值税普通发票

发票联

4400084301　　　　　　　　　　　　　　　　　　　　　　№01011008

01011008　　　　　　　　　　　　　　　　　　　　　　开票日期：2014年12月09日

承运人及纳税人识别号	海湛市汽车运输公司 440812012611599	密码区	*+>8—98209—8<*>9*28/052*6110/944441- -96>/81+1764/-6<91>-93>649>350909*819/ **60+4433><43<3>*61353/6050-4*6987-/+ 884---26>7/68>/7/>>*>96*/-+*/54987-/*22
实际受票方及纳税人识别号	海湛股份有限公司 440812001765425		
收货人及纳税人识别号	海湛股份有限公司 440812001765425	发货人及纳税人识别号	海湛市湛兴公司 440812012611217
起运地、经由、到达地	海湛市霞赤路12号至海湛市寸宝路88号		
费用项目及金额	费用项目　金额 运费　450.45	运输货物信息	甲材料 乙材料

合计金额	￥450.45	税率	11%	税额	￥49.55	机器编码	829900186871
价税合计（大写）	⊗伍佰元整					（小写）￥500.00	
车种车号	货车 粤G99001	车船吨位	15	备注	海湛市汽车运输公司 440812012611599 发票专用章		
主管税务机关及代码	海湛市赤坎区国家税务局第一税务分局 44081129300						

收款人：王三水　　　复核：刘永田　　　开票人：李静　　　承运人：（章）

第二联：发票联　购买方记账凭证

№012

中国工商银行（粤）

现金支票存根

NO. 1226587

附加信息

出票日期2014年12月10日

收款人：	海湛股份有限公司
金　额：	￥49 200.00
用　途：	职工薪酬

单位主管：刘海　会计：刘明

№013

海湛股份有限公司职工薪酬结算表

2014年11月30日

产品部门	计时工资	计件工资	工资性津贴	奖金	扣发		应付职工薪酬
					事假	病假	
A产品生产人员	14 870.00	4 700.00	1 490.00	1 420.00	30.00	50.00	22 400.00
B产品生产人员	10 590.00	672.00	1 450.00	1 150.00	40.00	270.00	13 552.00
车间管理人员	4 700.00		160.00	620.00	60.00	20.00	5 400.00
行政管理人员	6 848.00		310.00	730.00	40.00		7 848.00
合　计	37 008.00	5 372.00	3 410.00	3 920.00	170.00	340.00	49 200.00

审核：蒋榕　　　　　　　　　　制单：刘明

№014（1）

海湛股份有限公司收据

2014年12月10日　　　　　　　　№000148

交款单位或交款人	王华	收款方式	现金
事由 差旅费余款　　现金收讫			备注：
金额（人民币大写）：陆拾元整		￥60.00	海湛股份有限公司 财务专用章

第三联：记账联

收款人：黄江　　　　　　　　收款单位（盖章）

№014（2）

海湛股份有限公司差旅费报销单

部门：行政部　　　　2014年12月10日

姓名	王华					出差事由	开会				自2014年12月7日 至2014年12月10日				共4天	
起讫时间及地点						车船票		夜间乘车补助费			出差乘补费			住宿费	其他	
月	日	起	月	日	讫	类别	金额	时间	标准	金额	日数	标准	金额	金额	项目	金额
12	07	海湛	12	07	广州	汽车	100									
12	10	广州	12	10	海湛	汽车	100				4	50	200	320	打的	20
小计							200						200	320		20
合计金额（人民币大写）：柒佰肆拾元整											（小写）￥740.00					
备注：预借800.00　　核销740.00　　退补60.00																

附单据 共叁张

单位主管：刘　海　　财务主管：蒋　榕　　审核：周正亿　　填报人：王华

№015

广东省海湛市国家税务局通用机打发票

全国统一发票监制章 广东省海湛市 国家税务局监制

发 票 联

发票代码：144081420300

发票号码：00013841

开票日期：2014年12月10日　　行业分类：商业　　00013841

顾客名称：海湛股份有限公司　　9566 5042 6897 7183

地址：　　5104 5011 2913 0424 4297

1574 2542 5127 0211 5024

加密版本：01　20150119

项　目	单位	数量	单价	金额
纸夹	个	50	4.00	200.00
圆珠笔	支	30	2.00	60.00
笔记本	本	60	3.00	180.00

合计金额大写（人民币）：⊗ 肆佰肆拾元整　　合计金额小写：￥440.00

备注：00568/91/0602

开票人：李丽　收款人：王家华　开票单位（盖章）：海湛市商业大厦　电脑开具 手写无效

海湛市商业大厦 440811012777777 发票专用章

（本发票开票合计金额超过拾万元无效）

第二联：发票联（购货单位付款凭证）（手写无效）

№016

中国工商银行特种转账凭证(代付款通知)

2014年12月10日

收款单位	全称	永信公司	付款单位	全称	海湛股份有限公司
	账号或地址	83864526		账号或地址	83852658
	开户银行	工商银行跃进支行		开户银行	工商银行跃进支行

金额	人民币(大写)：壹拾捌万元整	百	十	万	千	百	十	元	角	分
		￥	1	8	0	0	0	0	0	0

转账原因	偿还到期的商业汇票款 银行盖章	科目 对方科目 复核员　记账员

中国工商银行 海湛市跃进支行 2014.12.10 转讫

№017

中国工商银行借款借据（代收账通知）

贷款单位	海湛股份有限公司	贷款申请书编号		贷款账号	83852658	存款账号	83852658

贷款金额		百	十	万	千	百	十	元	角	分	还款日期	2015年6月10日
	人民币(大写)：壹拾万元整	¥	1	0	0	0	0	0	0	0		

银行核定金额	人民币(大写)：壹拾万元整	银行核定还款日期	2015年6月10日
		银行实际放出日期	2014年12月10日

兹向你行贷到上列款项，到期时请凭此借据从本单位存款账户内收回。 此致 贷款单位（章）海湛股份有限公司 财务专用章 法人代表 刘 海	上列贷款已按银行核定金额发放，并收入你单位账户。 此致 银行盖章 中国工商银行 海湛市跃进支行 2014.12.10 转讫

还款记录	日期	还款金额	未还金额	记账员	复核员	日期	还款金额	未还金额	记账员	复核员

№018（1）

中 华 人 民 共 和 国 ㊖

税收电子转账专用完税凭证

（044）粤国电 No.28756213

填发日期：2014年12月10日

税务登记代码	440812001765425	税收机关	海湛市国家税务局赤坎分局
纳税人全称	海湛股份有限公司	收款银行	工行海湛市跃进支行

税(费)种	税级	税款所属期限	实缴金额
增值税		2014年11月	¥87 000.00
消费税		2014年11月	¥49 200.00
金额合计	(大写)壹拾叁万陆仟贰佰元整		¥136 200.00

税务机关 （盖章） 海湛市国家税务局赤坎分局 征税专用章	收款银行 （盖章） 中国工商银行 海湛市跃进支行 2014.12.10 转讫	经手人 （盖章）	备注	电子税票号 440811000123456789

№018（2）

中 华 人 民 共 和 国 ㊞地

税收电子转账专用完税凭证

（044）粤地电 No.28756999

填发日期：2014年12月10日

税务登记代码	440812001765425	税收机关	海湛市地方税务局赤坎分局	
纳税人全称	海湛股份有限公司	收款银行	工行海湛市跃进支行	
税(费)种	税级	税款所属期限	实缴金额	
所得税		2014年11月	￥31 000.00	
金额合计	(大写)叁万壹仟元整		￥31 000.00	
税务机关 （盖章）	收款银行 （盖章）	经手人 （盖章）	备注	电子税票号 440811000123455555

№019（1）

海湛股份有限公司领料单

领用单位：生产车间　　2014年12月15日　　2号仓库　　编号：053

用途	生产A产品			产品批量			订单号	
材料类别	材料编号	材料名称	规格	计量单位	数量		单价	金额
					请领	实发		
		甲材料		千克	4 000	4 000	20.00	80 000.00
		乙材料		千克	22 000	22 000	10.00	220 000.00
合　计								￥300 000.00
备注								

第二联：记账联

记账：张金锭　　主管：王月　　发料：吴明君　　领料：张君伟

№019（2）

海湛股份有限公司领料单

领用单位：生产车间　　　　2014年12月15日　　　　2号仓库　　　　编号：054

用途	生产B产品			产品批量			订单号	
材料类别	材料编号	材料名称	规格	计量单位	数量		单价	金额
					请领	实发		
		甲材料		千克	800	800	20.00	16 000.00
		丙材料		件	600	600	210.00	126 000.00
合　计								¥142 000.00
备注								

第二联：记账联

记账：张金锭　　主管：王月　　发料：吴明君　　领料：张君伟

№020（1）

全国统一发票监制章 国家税务总局监制

广东增值税专用发票

4400084188　　　　此联不作报销、扣税凭证使用　　　　№00286266

校验码 25011 52822 85033 94644　　　　开票日期：2014年12月15日

购买方	名　　称：海湛市东方公司 纳税人识别号：440812012219727 地　址、电　话：海湛市霞赤路48号 0788-3557888 开户银行及账号：工行海湛市民有支行 83857241	密码区	-7>7—98209—8<*>9*29　加密版本 01 <1>/81+1764/-6<91>-93　4400084188 >80+4433><43<3>*61353　00286266 754---26>7/68>/7/>>*>

货物或应税劳务、服务名称	规格型号	单位	数量	单价	金额	税率	税额
B产品		件	120	3 260.00	391 200.00	17%	66 504.00
合　计					¥391 200.00		¥66 504.00
价税合计（大写）	⊗肆拾伍万柒仟柒佰零肆元整					（小写）¥457 704.00	

销售方	名　　称：海湛股份有限公司 纳税人识别号：440812001765425 地　址、电　话：海湛市寸宝路88号 0788-3533071 开户银行及账号：工行海湛市跃进支行 83852658	备注	

第一联：记账联　销售方记账凭证

收款人：黄江　　复核：刘明　　开票人：钟月　　销售方：（章）

№020（2）

海湛股份有限公司产品出库单

用途：销售　　　　2014年12月15日　　　　存放地点：2号库

品名及规格	单位	数量	单位成本	金额	备注
B产品	件	120	2 526.00	303 120.00	
合计		120		￥303 120.00	

第二联：记账联

记账：张金锭　　保管：吴明君　　检验：张君伟　　制单：朱林

№020（3）

中国工商银行**进账单**（收款通知）　3

2014年12月15日　　　　第41号

<table>
<tr><td rowspan="3">出票人</td><td>全　称</td><td>海湛市东方公司</td><td rowspan="3">收款人</td><td>全　称</td><td colspan="9">海湛股份有限公司</td></tr>
<tr><td>账　号</td><td>83857241</td><td>账　号</td><td colspan="9">83852658</td></tr>
<tr><td>开户银行</td><td>工商银行跃进支行</td><td>开户银行</td><td colspan="9">工商银行跃进支行</td></tr>
<tr><td rowspan="2">金额</td><td colspan="4" rowspan="2">人民币(大写)：肆拾伍万柒仟柒佰零肆元整</td><td>百</td><td>十</td><td>万</td><td>千</td><td>百</td><td>十</td><td>元</td><td>角</td><td>分</td></tr>
<tr><td>￥</td><td>4</td><td>5</td><td>7</td><td>7</td><td>0</td><td>4</td><td>0</td><td>0</td></tr>
<tr><td>票据种类</td><td>转账支票</td><td>票据张数</td><td>壹</td><td colspan="10" rowspan="3">中国工商银行 海湛市跃进支行 2014.12.15 转讫
收款人开户行签章</td></tr>
<tr><td>票据号码</td><td colspan="3">9870009</td></tr>
<tr><td colspan="4">复核 周正亿　　记账 刘明</td></tr>
</table>

此联是收款人开户银行交给收款人的收账通知

№021

偿还贷款凭证（第一联）

2014年12月16日

借款单位名称	海湛股份有限公司	贷款账号	99886677	结算账号	
还款金额（大写）	人民币壹拾贰万元整			百十万千百十元角分	¥12000000
贷款种类	短期贷款	借出日期	2014年9月16日	原约定还款日期	2014年12月16日

上列款项已由本单位账户内偿还到期贷款。 此致 海湛股份有限公司 财务专用章 借款单位盖章	会计分录： 中国工商银行 海湛市跃进支行 2014.12.16 转讫 收： 记账员

№022（1）

中国工商银行（粤）

转账支票存根

NO. 22651876

附加信息

出票日期2014年12月17日

收款人：	海湛市机电维修公司
金　额：	¥1 600.00
用　途：	设备维修费

单位主管：刘海　会计：刘明

№022（2）

广东增值税普通发票

全国统一发票监制章 广东 国家税务总局监制

4400084308　　发票联　　№00886301

校验码 60011 20822 10033 30646　　开票日期：2014年12月17日

购买方	名称：海湛股份有限公司 纳税人识别号：440812001765425 地址、电话：海湛市寸金路88号 0788-3533071 开户银行及账号：工行海湛市跃进支行 3852658			密码区	-9>1—98209—8<*>9*28/457/*-+75283/<0>/81+1764/-6<91>-93*//823368<>1235>30+4433><43<3>*61334-*/+//875690/644---26>7/68>/7/>>*>/89/*-9754613693		
货物或应税劳务、服务名称	规格型号	单位	数量	单价	金额	税率	税额
机器设备维修		套	2	683.76	1 367.52	17%	232.48
合　计					¥1 367.52		¥232.48
价税合计（大写）	⊗壹仟陆佰元整						（小写）¥1 600.00
销售方	名称：海湛市机电维修公司 纳税人识别号：440811012622222 地址、电话：海湛市跃进路9号 0788-3600154 开户银行及账号：工行海湛市跃进支行 7539186			备注	海湛市机电维修公司 440811012622222 发票专用章		

收款人：周新　复核：刘坤　开票人：李尚　销售方：（章）

第二联：发票联　购买方记账凭证

№023（1）

广东增值税专用发票

4400084188　　此联不作报销、扣税凭证使用　　№00286277

校验码 05011 02822 15033 04644　　开票日期：2014年12月18日

购买方	名　称：海湛市长城公司 纳税人识别号：440812012729607 地　址、电　话：海湛市跃进路33号 0788-3556789 开户银行及账号：工行海湛市跃进支行 83861547	密码区	-9>7—98209—8<*>9*29 <0>/81+1764/-6<91>-93 >30+4433><43<3>*61353 644---26>7/68>/7/>>*>	加密版本 01 4400084188 00286277

货物或应税劳务、服务名称	规格型号	单位	数量	单价	金额	税率	税额
A产品		件	500	380.00	190 000.00	17%	32 300.00
B产品		件	80	3 260.00	260 800.00	17%	44 336.00
合　计					¥450 800.00		¥76 636.00
价税合计（大写）	⊗伍拾贰万柒仟肆佰叁拾陆元整					（小写）¥527 436.00	

销售方	名　称：海湛股份有限公司 纳税人识别号：440812001765425 地　址、电　话：海湛市寸金路88号 0788-3533071 开户银行及账号：工行海湛市跃进支行 83852658	备注	

收款人：黄江　　复核：刘明　　开票人：钟月　　销售方：（章）

第一联：记账联　销售方记账凭证

№023（2）

银行承兑汇票

汇票号码 SC2458

出票日期（大写）贰零壹肆年壹拾贰月壹拾捌日　　第015号

出票人全称	海湛市长城公司			收款人	全　称	海湛股份有限公司		
出票人账号	83861547				账　号	83852658		
付款行全称	工商银行跃进支行	行号	44081		开户银行	工商银行跃进支行	行号	44081
汇票金额	人民币(大写)：伍拾贰万柒仟肆佰叁拾陆元整					千 百 十 万 千 百 十 元 角 分 ¥ 5 2 7 4 3 6 0 0		
汇票到期日	贰零壹伍年叁月壹拾捌日			本汇票已经承兑，到期日由本行付款。 承兑银行签章 承兑日：2014年03月18日 备注：		交易合同号码		
本汇票请你行承兑，到期无条件付款。 出票人签章　郭靖 2014年12月18日				张莹		科目（借） 对方科目（贷） 转账　年　月　日 复核　记账		

№023（3）

海湛股份有限公司产品出库单

用途：销售　　2014年12月18日　　存放地点：1号库

品名及规格	单位	数量	单位成本	金额	备注
A产品	件	500	278.00	139 000.00	
合　计		500		￥139 000.00	

第二联：记账联

记账：张金锭　　保管：吴明君　　检验：张君伟　　制单：朱林

№023（4）

海湛股份有限公司产品出库单

用途：销售　　2014年12月18日　　存放地点：2号库

品名及规格	单位	数量	单位成本	金额	备注
B产品	件	80	2 526.00	202 080.00	
合　计		80		￥202 080.00	

第二联：记账联

记账：张金锭　　保管：吴明君　　检验：张君伟　　制单：朱林

№024（1）

广东增值税专用发票

抵　扣　联

（印章：全国统一发票监制章 广东 国家税务总局监制）

4400069188　　№00886666

校验码 50011 20822 10033 30644　　开票日期：2014年12月20日

购买方	名　称：海湛股份有限公司 纳税人识别号：440812001765425 地址、电话：海湛市寸宝路88号 0788-3533071 开户银行及账号：工行海湛市跃进支行 83852658	密码区	-9>7—98209—8<*>9*29　加密版本01 <0>/81+1764/-6<91>-93　4400069188 >30+4433><43<3>*61353　00886666 644---26>7/68>/7/>>*>

货物或应税劳务、服务名称	规格型号	单位	数量	单价	金额	税率	税额
乙材料		千克	8 000	10.00	80 000.00	17%	13 600.00
丙材料		件	500	210.00	105 000.00	17%	17 850.00
合　计					￥185 000.00		￥31 450.00
价税合计（大写）	⊗贰拾壹万陆仟肆佰伍拾元整				（小写）￥216 450.00		

销售方	名　称：海湛市向阳公司 纳税人识别号：440812012630154 地址、电话：海湛市跃进路33号 0788-3890154 开户银行及账号：工行海湛市跃进支行 83869186	备注	（印章：海湛市向阳公司 440812012630154 发票专用章）

收款人：刘江　　复核：王月　　开票人：李红　　销售方：（章）

第二联：抵扣联　购买方扣税凭证

№024（2）

广东增值税专用发票

全国统一发票监制章 广东 国家税务总局监制

发　票　联

4400069188　　　　　　　　　　　　　　　　　　　　　　　　　№00886666

校验码 50011 20822 10033 30644　　　　　　　　　　　　　　　开票日期：2014年12月20日

购买方	名　　　称：海湛股份有限公司 纳税人识别号：440812001765425 地　址、电　话：海湛市寸宝路88号 0788-3533071 开户银行及账号：工行海湛市跃进支行 83852658	密码区	-9>7—98209—8<*>9*29　加密版本 01 <0>/81+1764/-6<91>-93　4400069188 >30+4433><43<3>*61353　00886666 644---26>7/68>/7/>>*>

货物或应税劳务、服务名称	规格型号	单位	数量	单价	金额	税率	税额
乙材料		千克	8 000	10.00	80 000.00	17%	13 600.00
丙材料		件	500	210.00	105 000.00	17%	17 850.00
合　计					¥185 000.00		¥31 450.00
价税合计（大写）	⊗贰拾壹万陆仟肆佰伍拾元整					（小写）¥216 450.00	

销售方	名　　　称：海湛市向阳公司 纳税人识别号：440812012630154 地　址、电　话：海湛市跃进路33号 0788-3890154 开户银行及账号：工行海湛市跃进支行 83869186	备注	海湛市向阳公司 440812012630154 发票专用章

收款人：刘江　　　　复核：王月　　　　开票人：李红　　　　销售方：（章）

第三联：发票联　购买方记账凭证

№024（3）

商业承兑汇票

汇票号码 SC3628

出票日期（大写）贰零壹肆年壹拾贰月零贰拾日　　　　第065号

收款人	全　　称	海湛市向阳公司			付款人	全　　称	海湛股份有限公司		
	账　　号	440812083869186				账　　号	440812083852658		
	开户银行	工行跃进支行	行号	44081		开户银行	工行跃进支行	行号	44081

汇票金额	人民币(大写)：贰拾壹万陆仟肆佰伍拾元整	千	百	十	万	千	百	十	元	角	分
			¥	2	1	6	4	5	0	0	0

汇票到期日	贰零壹伍年叁月零贰拾日	交易合同号码	
本汇票已经本单位承兑，到期日无条件支付票款。 此致 付款人　　付款人盖章（海湛股份有限公司 财务专用章） 负责：　　经办　　2014年12月20日		汇票签发人盖章（海湛股份有限公司 财务专用章） 负责　　经办	

№024（4）

供货单位：向阳公司　　　　**海湛股份有限公司收料单**　　　　材料类别：原材料

发票号码：0066688　　　　2014年12月20日　　　　材料仓库：3

材料编号	材料名称(规格)	单位	数量		实际成本											
			应收	实收	单价	发票价格	运杂费	合计								
								百	十	万	千	百	十	元	角	分
	乙材料	千克	8 000	8 000	10.00	80 000.00				8	0	0	0	0	0	0
	丙材料	件	500	500	210.00	105 000.00			1	0	5	0	0	0	0	0
合　计								¥	1	8	5	0	0	0	0	0
备注																

记账：张金锭　　主管：王月　　验收：吴明君　　采购：李云飞

№025（1）

广东增值税专用发票

抵　扣　联

（全国统一发票监制章 广东 国家税务总局监制）

4400084124　　　　№00285555

校验码 19011 91822 82033 28644　　　　开票日期：2014年12月22日

购买方		密码区	
名　　称：海湛股份有限公司 纳税人识别号：440812001765425 地　址、电　话：海湛市寸宝路88号 0788-3533071 开户银行及账号：工行海湛市跃进支行 83852658		*9>7—98209—8<*>9*29 -3>/81+1764/-6<91>-93 +60+4433><43<3>*61353 644---26>7/68>/7/>>*>	加密版本 01 4400084124 00285555

货物或应税劳务、服务名称	规格型号	单位	数量	单价	金额	税率	税额
自来水		m^3	2 000	1.20	2 400.00	13%	312.00
合　计					¥2 400.00		¥312.00
价税合计（大写）	⊗贰仟柒佰壹拾贰元整						（小写）¥2 712.00

销售方	备注
名　　称：海湛市自来水公司 纳税人识别号：440812082858709 地　址、电　话：海湛市康顺路8号 0788-3186666 开户银行及账号：工行海湛市赤坎支行 82858708	（海湛市自来水公司 440812082858709 发票专用章）

收款人：刘华　　复核：仲月　　开票人：兰红　　销售方：（章）

第二联：抵扣联　购买方扣税凭证

№025（2）

广东增值税专用发票

发 票 联

4400084124　　　　№00285555

校验码 19011 91822 82033 28644　　　　开票日期：2014年12月22日

购买方	名　　称：海湛股份有限公司 纳税人识别号：440812001765425 地 址、电 话：海湛市寸宝路88号 0788-3533071 开户银行及账号：工行海湛市跃进支行 83852658	密码区	*9>7—98209—8<*>9*29　加密版本 01 -3>/81+1764/-6<91>-93　4400084124 +60+4433><43<3>*61353　00285555 644---26>7/68>/7/>>*>

货物或应税劳务、服务名称	规格型号	单位	数量	单价	金额	税率	税额
自来水		m^3	2 000	1.20	2 400.00	13%	312.00
合　计					¥2 400.00		¥312.00
价税合计（大写）	⊗贰仟柒佰壹拾贰元整					（小写）	¥2 712.00

销售方	名　　称：海湛市自来水公司 纳税人识别号：440812082858709 地 址、电 话：海湛市康顺路8号 0788-3186666 开户银行及账号：工行海湛市赤坎支行 82858708	备注	海湛市自来水公司 440812082858709 发票专用章

收款人：刘华　　复核：仲月　　开票人：兰红　　销售方：（章）

第三联：发票联　购买方记账凭证

№025（3）

广东增值税专用发票

抵 扣 联

4400088188　　　　№00362556

校验码 88011 01822 72033 48644　　　　开票日期：2014年12月22日

购买方	名　　称：海湛股份有限公司 纳税人识别号：440812001765425 地 址、电 话：海湛市寸宝路88号 0788-3533071 开户银行及账号：工行海湛市跃进支行 83852658	密码区	*9>7—98209—8<*>9*29　加密版本 01 -3>/81+1764/-6<91>-93　4400884188 +60+4433><43<3>*61353　00285555 644---26>7/68>/7/>>*>

货物或应税劳务、服务名称	规格型号	单位	数量	单价	金额	税率	税额
电		度	4 000	1.00	4 000.00	17%	680.00
合　计					¥4 000.00		¥680.00
价税合计（大写）	⊗肆仟陆佰捌拾元整					（小写）	¥4 680.00

销售方	名　　称：广东电网公司海湛市供电局 纳税人识别号：440812012261678 地 址、电 话：海湛市康顺路8号 0788-3876999 开户银行及账号：工行海湛市赤坎支行 86217747	备注	广东电网公司海湛市供电局 440812012261678 发票专用章

收款人：刘华山　　复核：仲月光　　开票人：兰红月　　销售方：（章）

第二联：抵扣联　购买方扣税凭证

№025（4）

广东增值税专用发票

发票联

4400088188

№00362556

校验码 88011 01822 72033 48644

开票日期：2014年12月22日

购买方	名　　称：海湛股份有限公司 纳税人识别号：440812001765425 地　址、电　话：海湛市寸金路88号 0788-3533071 开户银行及账号：工行海湛市跃进支行 83852658				密码区	*9>7—98209—8<*>9*29 -3>/81+1764/-6<91>-93 +60+4433><43<3>*61353 644---26>7/68>/7/>>*>	加密版本 01 4400884188 00285555	
货物或应税劳务、服务名称	规格型号	单位	数量	单价	金额	税率	税额	
电		度	4 000	1.00	4 000.00	17%	680.00	
合　计					¥4 000.00		¥680.00	
价税合计（大写）	⊗肆仟陆佰捌拾元整					（小写）¥4 680.00		
销售方	名　　称：广东电网公司海湛市供电局 纳税人识别号：440812012261678 地　址、电　话：海湛市康顺路8号 0788-3876999 开户银行及账号：工行海湛市赤坎支行 86217747				备注	广东电网公司海湛市供电局 440812012261678 发票专用章		

收款人：刘华山　　复核：仲月光　　开票人：兰红月　　销售方：（章）

第三联：发票联　购买方记账凭证

№025（5）

中国工商银行（粤）

转账支票存根

NO.22656877

附加信息

出票日期 2014年12月22日

收款人：	广东电网公司海湛市供电局
金　额：	¥4 680.00
用　途：	电费

单位主管：刘海　会计：刘明

№025（6）

中国工商银行（粤）

转账支票存根

NO.22656878

附加信息

出票日期 2014年12月22日

收款人：	海湛市自来水公司
金　额：	¥2 712.00
用　途：	水费

单位主管：刘海　会计：刘明

№026（1）

费用报销单

海湛市财政局监制 标准会计凭证账簿系列

报销部门：行政部　　　　2014年12月25日　　　　单据及附件共1页

用途	金额									
	十	万	千	百	十	元	角	分	部门主管意见	同意报销。王元 2014年12月25日
业务招待费			1	5	0	0	0	0		
									领导审批	同意报销。刘海 2014年12月25日
现金付讫										
合　计		¥	1	5	0	0	0	0		
金额大写（人民币）：零拾零万壹仟伍佰零拾零元零角零分					原借款：¥				应退（补）差额：¥	

会计主管：蒋榕　复核：周正亿　出纳：黄江　证明人：吴明亮　经手人：钟海涛　领款人：钟海涛

№026（2）

广东省地方税收通用发票（电子）

全国统一发票监制章 广东省 地方税务局监制

发　票　联

2014-12-24

电子发票　手写无效

发票代码：244081407030

发票号码：01977513

开票日期20：30：10　　　　行业分类：餐饮业

付款方名称：（单位）海湛股份有限公司

付款方识别号：

收款方名称：海湛市麻章区鸿运酒楼

收款方识别号：440823019770801431201

主管税务机关：海湛市麻章区地方税务局　　　　防伪码：12356988974612365578616

序号	开票项目说明	金额
1	餐费	1 500.00

合计（大写）：人民币壹仟伍佰元整　　　　合计（小写）：￥1 500.00

附注：

开票单位盖章：海湛市麻章区鸿运酒楼 440823019770801431201 发票专用章　　　　开票人：庞愧

发票联　付款方付款凭证

NO：1403001-05109808

№027（1）

海湛股份有限公司领料单

领用单位：生产车间　　　　2014年12月25日　　　　2号仓库　　编号：055

用途	生产A产品			产品批量			订单号	
材料类别	材料编号	材料名称	规格	计量单位	数量		单价	金额
					请领	实发		
		甲材料		千克	2 000	2 000	20.00	40 000.00
		乙材料		千克	18 000	18 000	10.00	180 000.00
合　计								￥220 000.00
备注								

第二联：记账联

记账：张金锭　　主管：王月　　发料：吴明君　　领料：张君伟

№027（2）

海湛股份有限公司领料单

领用单位：生产车间　　　　2014年12月25日　　　　2号仓库　　编号：056

用途	生产B产品			产品批量			订单号	
材料类别	材料编号	材料名称	规格	计量单位	数量		单价	金额
					请领	实发		
		甲材料		千克	2 000	2 000	20.00	40 000.00
		丙材料		件	800	800	210.00	168 000.00
合　计								￥208 000.00
备注								

第二联：记账联

记账：张金锭　　主管：王月　　发料：吴明君　　领料：张君伟

№028

海湛股份有限公司财产盘盈盘亏报告单

部门：仓库　　　　2014年12月30日　　　　第03号

财产名称	单位	盘盈			盘亏			原　因
		数量	单价	金额	数量	单价	金额	
甲材料	千克	20	20.00	400.00				待　查
B产品	件				1	2 526.00	2 526.00	待　查
领导批示	先调账，进一步查明原因后再行处理。 刘海　2014年12月30日							

主管：蒋榕　　　　制单：刘明

№029

情况说明

经核实，湛南公司已解体，我公司应付其货款17 000元，确已无法支付，转作营业外收入。

海湛股份有限公司

2014年12月30日

经手人：蒋榕

№030

情况说明

我公司月末盘点发现甲材料盘盈20千克计400元，B产品盘亏一件计2 526元。经核查原因已明并进行处理（不考虑增值税）。甲材料系自然升溢，由本公司转销；B产品盘亏系被盗，作本公司损失。

海湛股份有限公司

2014年12月30日

经手人：蒋榕

№031

海湛股份有限公司固定资产折旧计算表

2014年12月31日

单位：元

使用部门	本月应计折旧固定资产原值	折旧率	折旧额
生产车间	4 400 000.00	0.5%	22 000.00
厂部	2 072 000.00	0.338%	7 000.00
合　计	6 472 000.00		29 000.00

审核：蒋榕　　　　制单：刘明

№032

海湛股份有限公司工资费用分配汇总表

2014年12月31日　　　　单位：元

车间、部门		应分配金额	备　注
车间生产工人工资	A产品负担	22 400.00	
	B产品负担	13 552.00	
车间管理人员工资		5 400.00	
行政管理人员工资		7 848.00	
合　计		49 200.00	

审核：蒋榕　　　　制单：刘明

№033

海湛股份有限公司制造费用分配表

2014年12月31日　　　　单位：元

应借科目		分配标准（生产工时）	分配率	应分配金额	备　注
生产成本	A产品	8 000			
	B产品	12 000			
合　计		20 000			

审核：蒋榕　　　　制单：刘明

№034（1）

海湛股份有限公司完工产品成本计算单

2014年12月31日　　　　单位：元

成本项目	A产品（2 000件）		B产品（152件）	
	总成本	单位成本	总成本	单位成本
直接材料				
直接人工				
制造费用				
合　计				

审核：蒋榕　　　　制单：朱林

№034（2）

海湛股份有限公司产成品入库单

第06号

交库单位：生产车间　　2014年12月31日　　仓库02号

产品名称	规格与型号	质量等级	单位	数量	单位成本	金额	备注
A产品		优	件	2 000			
B产品		优	件	152			
合　计							

验收：吴明君　　制单：朱林

№035

海湛股份有限公司银行借款利息计提表

2014年12月31日　　单位：元

贷款银行	借款种类	计息积数	利　率	本月应计利息	备　注
工行海湛支行	短期借款	100 000	4.4%	4 400.00	
合　计				￥4 400.00	

审核：蒋榕　　制单：刘明

№036

海湛股份有限公司应交消费税计算表

2014年12月31日　　单位：元

项　目	计税依据	税　率	税　额	应记借方科目
应交消费税		10%		
合　计				

审核：蒋榕　　制单：刘明

№037

海湛股份有限公司销售成本计算表

2014年12月31日　　单位：元

销售产品名称	单位	销售数量	单位成本	销售成本	备注
A产品	件				
B产品	件				
合　计					

审核：蒋榕　　制单：刘明

№038

海湛股份有限公司利润计算表

2014年12月　　单位：元

收入账户	发生额	费用账户	发生额
主营业务收入		主营业务成本	
营业外收入		营业税金及附加	
		销售费用	
		管理费用	
		财务费用	
合　计		合　计	

审核：蒋榕　　制单：刘明

№039

海湛股份有限公司应交所得税计算表

2014年12月31日　　单位：元

项　目	应纳税所得额	税　率	税　额	备　注
应交所得税		25%		
合　计				

审核：蒋榕　　制单：刘明

№040

海湛股份有限公司盈余公积计算表

2014年12月31日　　单位：元

项　目	计提比例	金　额	备　注
净利润	—		
法定盈余公积	10%		
合　计			

审核：蒋榕　　制单：刘明

№041

海湛股份有限公司利润分配计算表

2014年12月31日　　单位：元

项　目	计提比例	金　额	备　注
净利润	—		
应付股利	40%		
合　计			

审核：蒋榕　　制单：刘明

附录　学生用参考答案

实验1　会计数字的书写

二、请将下列中文大写数字写成阿拉伯数字

1. ￥28.45
2. ￥21,007,958.00
3. ￥90,000,011.00
4. ￥160,032.00
5. ￥0.89
6. ￥47,205.68
7. ￥3,900.70
8. ￥420,108.09
9. ￥100,000.00
10. ￥8,000,000.03

三、请将阿拉伯数字写成中文大写数字

1.人民币捌万贰仟伍佰零陆元叁角捌分

2.人民币壹拾壹万元整

3.人民币陆佰贰拾元零贰角整　　或：人民币陆佰贰拾元贰角整

4.人民币伍佰万零贰拾元零叁角整　　或：人民币伍佰万零贰拾元叁角整

5.人民币捌万零伍佰零陆元零柒分

6.人民币壹拾万零玖仟零捌拾元零捌角整　　或：人民币壹拾万零玖仟零捌拾元捌角整

7.人民币肆拾万零捌仟零陆拾柒元零玖分

8.人民币柒万零贰元伍角整

9.人民币陆仟柒佰万零叁仟元整

10.人民币柒万捌仟叁佰玖拾伍元伍角捌分

四、练习填写票据日期

1.贰零壹伍年零贰月零壹日

2.贰零壹伍年零壹月壹拾陆日

3.贰零壹伍年零壹拾月零叁拾日

4.贰零壹伍年壹拾壹月零壹拾日

实验3　原始凭证的填制与审核

【实验3-2　原始凭证的审核】

（1）支票出票日期中“壹月”应该为“零壹月”；“壹拾日”应该为“零壹拾日”；人民币大写金额应该为“贰仟捌佰元整”；单位主管和会计没有签章。

（2）购买方电话没填；价税合计金额大小写不符；小写金额书写格式不对、小数点没写；销售方银行账号没填。

（3）借款人没有填；借款金额大小写不符；批准人没有签章。

实验4　记账凭证的填制与审核

【实验4-1　记账凭证的填制】

1. 2月21日—28日的记账凭证（会计分录）如下：

业务序号	总分类科目	明细分类科目	借方金额	贷方金额	凭证编号
1	库存现金 　银行存款		5 000.00	 5 000.00	银付22
2	其他应收款 　库存现金	王芳	4 000.00	 4 000.00	现付9
3	银行存款 　应收账款	 海港市东方公司	58 500.00	 58 500.00	银收12
4	库存现金 　其他应收款	 王芳	100.00	 100.00	现收11
	管理费用 　其他应收款	差旅费 王芳	3 900.00	 3 900.00	转31

【实验4-2　记账凭证的审核】

1. 应填银行付款凭证；合计金额前应有人民币符号；金额栏中的空行要划线注销；相关人员应签章。

2. 借方科目及金额错误，借方应为固定资产400 000元，应交税费68 000元；合计金额前应有人民币符号；金额栏中的空行要划线注销；相关人员应签章。

3. 借方科目错误，“生产成本”应为“制造费用”；金额栏中的空行要划线注销；相关人员应签章。

实验5　日记账的登记

2月28日库存现金余额为5 600.00元，银行存款的余额为2 674 860.00元。

实验6　存货明细账的登记

编制的记账凭证（用会计分录代替）如下：

（1）借：原材料——甲材料　　1 250.00
　　　　　　　——乙材料　　2 000.00
　　　应交税费——应交增值税（进项税额）　　552.50
　　贷：银行存款　　　　3 802.50

（2）借：生产成本——A产品　　3 000.00
　　　　　　　——B产品　　1 600.00
　　贷：原材料——甲材料　　　　3 000.00

贷：原材料——乙材料　　1 600.00

（3）借：原材料——甲材料　　5 000.00

应交税费——应交增值税（进项税额）　　850.00

贷：银行存款　　5 850.00

（4）借：原材料——乙材料　　4 000.00

应交税费——应交增值税（进项税额）　　680.00

贷：应付账款——光大公司　　4 680.00

4月30日，原材料总账余额39 650.00元；原材料——甲材料余额为23 250.00元；原材料——乙材料余额为16 400.00元。

实验7　错账更正

1.记账凭证借方科目错误，应为“制造费用”；金额少记。应采用红字更正法。

2.记账凭证中金额少记，借贷方向、科目正确。应采用补充登记法。

3.记账凭证中金额多记，借贷方向、科目正确。应采用红字更正法。

4.记账凭证正确、账簿金额少记。应采用划线更正法。

错账更正以后，“库存现金”账户期末借方余额为3 334.00元；“银行存款”账户期末借方余额为857 480.00元；“管理费用”账户期末借方余额为738 881.00元；“制造费用”账户期末借方余额为206 300.00元。

实验8　银行存款余额调节表的编制

调节后的银行存款余额为1 273 192.00元。

实验9　记账规则与结账

“应收账款”账户年末借方余额为294 200.00元。

实验10　科目汇总表核算组织程序

1.3月21日—31日的记账凭证（会计分录）如下：

业务序号	总分类科目	明细分类科目	借方金额	贷方金额	凭证编号
（1）	库存现金 银行存款		2 500.00	 2 500.00	银付40
（2）	银行存款 短期借款		200 000.00	 200 000.00	银收39

续表

业务序号	总分类科目	明细分类科目	借方金额	贷方金额	凭证编号
(3)	固定资产 应交税费 　银行存款	 应交增值税(进项税额) 	201 000.00 34 000.00 	 235 000.00	银付41
(4)	原材料 应交税费 　银行存款	 应交增值税(进项税额) 	60 000.00 10 200.00 	 70 200.00	银付42
(5)	应付职工薪酬 　银行存款		165 000.00 	 165 000.00	银付43
(6)	管理费用 　银行存款	宽带费	3 500.00 	 3 500.00	银付44
(7)	制造费用 　库存现金	办公费	900.00 	 900.00	现付25
(8)	应交税费 　银行存款	未交增值税	10 000.00 	 10 000.00	银付45
(9)	其他应收款 　库存现金	李庆	5 000.00 	 5 000.00	现付26
(10)	应收票据 　主营业务收入 　应交税费	 　B产品 　应交增值税(销项税额)	468 000.00 	 400 000.00 68 000.00	转26
	应收票据 　银行存款		3 000.00 	 3000.00	银付46
(11)	销售费用 　银行存款	广告费	4 000.00 	 4 000.00	银付47
(12)	应付账款 　银行存款	广州市奥华公司	15 000.00 	 15 000.00	银付48
(13)	银行存款 　主营业务收入 　应交税费	 　A产品 　应交增值税(销项税额)	585 000.00 	 500 000.00 85 000.00	银收40
(14)	应收账款 　其他业务收入 　应交税费	海湛市资源回收公司 　甲材料 　应交增值税(销项税额)	58 500.00 	 50 000.00 8 500.00	转27

续表

业务序号	总分类科目	明细分类科目	借方金额	贷方金额	凭证编号
(15)	销售费用	差旅费	4 900.00		转28
	其他应收款	李庆		4 900.00	
	库存现金		100.00		现收22
	其他应收款	李庆		100.00	
(16)	财务费用		1 000.00		转29
	应付利息			1 000.00	
(17)	制造费用	折旧费	117 060.00		转30
	管理费用	折旧费	37 500.00		
	累计折旧			154 560.00	
(18)	生产成本	A产品	70 200.00		转31
		B产品	50 800.00		
	制造费用	职工薪酬	26 000.00		
	管理费用	职工薪酬	19 000.00		
	应付职工薪酬	工资		166 000.00	
(19)	生产成本	A产品	1 545 000.00		转32
		B产品	845 000.00		
	制造费用	机物料消耗	11 000.00		
	管理费用	机物料消耗	6 000.00		
	其他业务成本	销售材料成本	40 000.00		
	原材料			2 447 000.00	
(20)	生产成本	A产品	134 800.00		转33
		B产品	202 200.00		
	制造费用			337 000.00	
(21)	库存商品	A产品	1 750 000.00		转34
		B产品	1 098 000.00		
	生产成本	A产品		1750 000.00	
		B产品		1 098 000.00	
(22)	主营业务成本	A产品	268 000.00		转35
		B产品	800 000.00		
	库存商品	A产品		268 000.00	
		B产品		800 000.00	
(23)	本年利润		1 301 260.00		转36
	主营业务成本			1 068 000.00	
	其他业务成本			40 000.00	
	销售费用			41 900.00	
	管理费用			150 360.00	
	财务费用			1 000.00	

续表

业务序号	总分类科目	明细分类科目	借方金额	贷方金额	凭证编号
(23)	主营业务收入 其他业务收入 本年利润		2 270 000.00 50 000.00	 2 320 000.00	转37
(24)	所得税费用 应交税费	 应交所得税	254 685.00	 254 685.00	转38
	本年利润 所得税费用		254 685.00	 254 685.00	转39

2.3月21日—31日科目汇总表本期借、贷方发生额合计为12 982 790元。

3.结账后试算平衡表总分类账户期初借、贷方余额合计为45 903 240.00元，本期借、贷方发生额合计为16 729 630.00元，期末借、贷方余额合计为47 716 440.00元。

实验11 资产负债表和利润表的编制

资产负债表中资产总计期末余额为39 825 880.00元。

利润表中3月份净利润为764 055.00元。

实验13* 基础会计学综合模拟实验

1.12月1—31日的记账凭证（会计分录）如下：

业务序号	总分类科目	明细分类科目	借方金额	贷方金额	备注
1	银行存款 股本		300 000.00	 300 000.00	
2	银行存款 长期借款		200 000.00	 200 000.00	
3	原材料 应交税费 银行存款	甲材料 应交增值税(进项税额)	60 000.00 10 200.00	 70 200.00	
4	销售费用 银行存款	广告费	8 000.00	 8 000.00	
5	应收账款 主营业务收入 应交税费	湛化公司 A产品 应交增值税(销项税额)	444 600.00	 380 000.00 64 600.00	

续表

业务序号	总分类科目	明细分类科目	借方金额	贷方金额	备 注
6	固定资产 应交税费 银行存款	 应交增值税(进项税额) 	20 000.00 3 400.00 	 23 400.00	
7	库存现金 银行存款		2 000.00 	 2 000.00	
8	其他应收款 库存现金	王华 	800.00 	 800.00	
9	银行存款 应收账款	 湛宝公司	30 000.00 	 30 000.00	
10	银行存款 应收账款	 湛化公司	444 600.00 	 444 600.00	
11	原材料 应交税费 银行存款	甲材料 乙材料 应交增值税(进项税额) 	40 200.00 30 300.00 11 900.00 	 82 400.00	
12	库存现金 银行存款		49 200.00 	 49 200.00	
13	应付职工薪酬 库存现金	工资 	49 200.00 	 49 200.00	
14	管理费用 库存现金 其他应收款	差旅费 王华	740.00 60.00 	 800.00	
15	制造费用 管理费用 库存现金	办公费 办公费 	200.00 240.00 	 440.00	
16	应付票据 银行存款	永信公司 	180 000.00 	 180 000.00	
17	银行存款 短期借款		100 000.00 	 100 000.00	
18	应交税费 银行存款	未交增值税 应交消费税 应交所得税 	87 000.00 49 200.00 31 000.00 	 167 200.00	

续表

业务序号	总分类科目	明细分类科目	借方金额	贷方金额	备注
19	生产成本	A产品	300 000.00		
		B产品	142 000.00		
	原材料	甲材料		96 000.00	
		乙材料		220 000.00	
		丙材料		126 000.00	
20	银行存款		457 704.00		
	主营业务收入	B产品		391 200.00	
	应交税费	应交增值税(销项税额)		66 504.00	
21	短期借款		120 000.00		
	银行存款			120 000.00	
22	管理费用	修理费	1 600.00		
	银行存款			1 600.00	
23	应收票据	长城公司	527 436.00		
	主营业务收入	A产品		190 000.00	
		B产品		260 800.00	
	应交税费	应交增值税(销项税额)		76 636.00	
24	原材料	乙材料	80 000.00		
		丙材料	105 000.00		
	应交税费	应交增值税(进项税额)	31 450.00		
	应付票据	向阳公司		216 450.00	
25	制造费用	水电费	6 400.00		
	应交税费	应交增值税(进项税额)	992.00		
	银行存款			7 392.00	
26	管理费用	业务招待费	1 500.00		
	库存现金			1 500.00	
27	生产成本	A产品	220 000.00		
		B产品	208 000.00		
	原材料	甲材料		80 000.00	
		乙材料		180 000.00	
		丙材料		168 000.00	
28	原材料	甲材料	400.00		
	待处理财产损溢			400.00	
	待处理财产损溢		2 526.00		
	库存商品	B产品		2 526.00	
29	应付账款	湛南公司	17 000.00		
	营业外收入			17 000.00	

续表

业务序号	总分类科目	明细分类科目	借方金额	贷方金额	备注
30	待处理财产损溢 管理费用	 其他	400.00	 400.00	
	管理费用 待处理财产损溢	其他	2 526.00	 2 526.00	
31	制造费用 管理费用 累计折旧	折旧费 折旧费	22 000.00 7 000.00	 29 000.00	
32	生产成本 制造费用 管理费用 应付职工薪酬	A产品 B产品 职工薪酬 职工薪酬 工资	22 400.00 13 552.00 5 400.00 7 848.00	 49 200.00	
33	生产成本 制造费用	A产品 B产品	13 600.00 20 400.00	 34 000.00	
34	库存商品 生产成本	A产品 B产品 A产品 B产品	556 000.00 383 952.00	 556 000.00 383 952.00	
35	财务费用 应付利息		4 400.00	 4 400.00	
36	营业税金及附加 应交税费	 应交消费税	65 200.00	 65 200.00	B产品销售收入652 000元
36	增值税销项税额=64 600+66 504+76 636=207 740(元) 增值税进项税额=10 200+3 400+11 900+31 450+992=57 942(元) 应交增值税=销项税额-进项税额=207 740-57 942=149 798(元) 结转本月未交增值税的分录如下：				
	应交税费 应交税费	应交增值税(转出未交增值税) 未交增值税	149 798.00	 149 798.00	
37	主营业务成本 库存商品	A产品 B产品 A产品 B产品	417 000.00 505 200.00	 417 000.00 505 200.00	

续表

业务序号	总分类科目	明细分类科目	借方金额	贷方金额	备 注
38	本年利润 主营业务成本 营业税金及附加 销售费用 管理费用 财务费用		1 020 854.00	 922 200.00 65 200.00 8 000.00 21 054.00 4 400.00	
	主营业务收入 营业外收入 本年利润		1 222 000.00 17 000.00	 1 239 000.00	
39	所得税费用 应交税费	 应交所得税	54 536.50	 54 536.50	
	本年利润 所得税费用		54 536.50	 54 536.50	
40	全年净利润=1—11月净利润+12月净利润 =1 344 020.00+163 609.50 =1 507 629.50(元)				
	利润分配 盈余公积	提取法定盈余公积	150 762.95	 150 762.95	
41	利润分配 应付股利	应付股利	603 051.80	 603 051.80	
42	本年利润 利润分配	 未分配利润	1 507 629.50	 1 507 629.50	
	利润分配 利润分配	未分配利润 提取法定盈余公积 应付股利	753 814.75	 150 762.95 603 051.80	

2.12月1日—15日科目汇总表本期借、贷方发生额合计为3 052 544.00元；12月16日—31日科目汇总表本期借、贷方发生额合计为8 903 166.00元。

3.结账后试算平衡表总分类账户期初借、贷方余额合计为20 767 000.00元，本期借、贷方发生额合计为11 955 710.00元，期末借、贷方余额合计为21 565 794.00元。

4.资产负债表中资产总计期末余额为18 851 794.00元，12月份当月净利润为163 609.50元，利润表中本期金额栏的净利润（即全年累计净利润）为1 507 629.50元。